cakes
& soufflés

cakes & soufflés

Aude de Galard & Leslie Gogois

Photographies, Mathilde de l'Écotais
Stylisme, Lissa Streeter

Avec la collaboration de Gaz de France

HACHETTE
Pratique

sommaire

je veux la recette !

180 g de jambon de Parme / UN DE NOS BEST-OF / Ajoutez le miel et les noix de pécan et mélangez à nouveau / laissez caraméliser 10 à 12 min / CAKE AU MAGRET FUMÉ, PETITS POIS ET FÈVES / 250 g de farine / Dans un saladier, mélangez à l'aide d'un fouet / Ajoutez le comté râpé et les lardons / N'OUVREZ PAS LE FOUR EN COURS DE CUISSON, LE SOUFFLÉ RETOMBERAIT / jusqu'à ce que le mélange blanchisse / Versez la pâte dans le moule beurré / Cake mi-figue mi-raisin / 1 SACHET DE LEVURE CHIMIQUE / Versez la préparation dans les ramequins / Si votre cake a tendance à trop dorer au cours de la cuisson / au micro-ondes ou dans une petite casserole / Mini-cakes aux fruits rouges et à la cannelle / SERVEZ TIÈDE OU FROID / 1 belle poignée d'amandes effilées / Montez les blancs en neige bien ferme et ajoutez-les en deux fois / laissez reposer le cake 5 min / 2 CUIL. À SOUPE DE CRÈME FRAÎCHE / concassez les noix de macadamia / L'amaretto est un alcool italien à base d'amande amère / BEURREZ GÉNÉREUSEMENT / 3 cuil. à soupe d'aneth coupée / Petits soufflés champignons parmesan / Servez un cahors rouge, toujours très agréable / SOUFFLÉ AU NUTELLA, LE PETIT FAIBLE DE STÉPHAN / 140 g de beurre / si vous faites ce cake à l'avance / 5 œufs + 1 blanc / Versez le lait et faites cuire le tout sans cesser de remuer / Pour la base / HACHEZ-LE FINEMENT AU MIXEUR / 150 g de chocolat noir / servez ce cake encore tiède avec une boule de glace / la farine mélangée à la levure / 12 FEUILLES DE MENTHE

Cake au jambon de Parme et tomme de Savoie

PRÉPARATION 15 MIN | **CUISSON** 45 MIN | **COÛT** ★★ | **DIFFICULTÉ** ★

→ UN DE NOS BEST-OF... CE CAKE EST DE TOUS LES BONS PLANS : PIQUE-NIQUES EN FAMILLE, BRUNCHS ENTRE COPAINS, PETITES FRINGALES PERSO...

1 Préchauffez le four à 180 °C (th. 6). Beurrez un moule à cake. Dégraissez le jambon de Parme et coupez-le en petits morceaux. Ôtez la croûte de la tomme de Savoie et coupez-la en petits morceaux. Dans un bol, mélangez la farine avec la levure.

2 Dans un saladier, mélangez à l'aide d'un fouet les œufs entiers avec 3 pincées de sel et le sucre en poudre jusqu'à l'obtention d'un mélange mousseux. Ajoutez successivement l'huile d'olive, le vin blanc, la ciboulette, le persil, la farine mélangée à la levure, en continuant de fouetter. Poivrez.

3 Ajoutez dans le saladier le jambon et la tomme. Mélangez à nouveau. Versez la pâte dans le moule beurré et faites cuire au four 45 min environ. À la sortie du four, laissez reposer le cake 5 min avant de le démouler sur une grille. Servez tiède ou froid.

Les ingrédients pour 6 à 8 personnes

Pour la garniture

180 g de jambon de Parme
200 g de tomme de Savoie
1 cuil. à soupe de persil coupé
1 cuil. à soupe de ciboulette coupée

Pour la base

230 g de farine
1 sachet de levure chimique
4 œufs
3 pincées de sucre en poudre
7 cuil. à soupe d'huile d'olive
3 cuil. à soupe de vin blanc sec
1 noisette de beurre pour le moule
sel et poivre

Astuces_ • Si votre cake a tendance à trop dorer au cours de la cuisson, baissez la température du four à 150 °C (th. 5) et couvrez-le d'une feuille de papier d'aluminium. • Vous pouvez utiliser des fines herbes surgelées. • Si vous n'avez pas de ciboulette ou de persil, n'hésitez pas à les remplacer par de l'estragon.

Pour varier_ **Cake au jambon cru, thym et beaufort**. Il suffit de remplacer le persil par 1 cuil. à soupe de thym et la tomme de Savoie par du beaufort. Un régal !

la botte secrète d'aude et leslie

Pour une version 100 % italienne, remplacez la tomme de Savoie par du pecorino, et ajoutez quelques dés de gorgonzola pour encore plus de moelleux.

le verre de vin qui va bien

Ce cake sera délicieux avec une bouteille de blanc de Savoie. Un apremont ira très bien.

Cake aux olives, cheddar, jambon et fines herbes

PRÉPARATION 15 MIN | **CUISSON** 1 H | **COÛT** ★★ | **DIFFICULTÉ** ★

1 Préchauffez le four à 180 °C (th. 6). Beurrez un moule à cake. Dégraissez le jambon. Ôtez la croûte des fromages (mimolette et cheddar) et râpez-les grossièrement. Égouttez les olives et coupez-les en petits morceaux. Dans un bol, mélangez la farine avec la levure.

2 Dans un saladier, mélangez à l'aide d'un fouet les œufs entiers avec 3 pincées de sel jusqu'à l'obtention d'un mélange mousseux. Ajoutez successivement l'huile d'olive, le lait, la ciboulette, le persil, la moutarde et la farine mélangée à la levure, en continuant de fouetter. Poivrez.

3 Ajoutez le jambon, le cheddar, la mimolette et les olives. Mélangez à nouveau. Versez la pâte dans le moule beurré et faites cuire au four 1 h environ. À la sortie du four, laissez reposer le cake 5 min avant de le démouler sur une grille. Servez tiède ou froid.

Les ingrédients pour 6 à 8 personnes

Pour la garniture

200 g de jambon aux herbes
100 g de mimolette
100 g de cheddar
100 g d'olives vertes dénoyautées
2 cuil. à soupe de persil coupé
1 cuil. à soupe de ciboulette coupée

Pour la base

230 g de farine
1 sachet de levure chimique
4 œufs
10 cl d'huile d'olive
10 cl de lait entier
2 belles cuil. à soupe de moutarde forte
1 noisette de beurre pour le moule
sel et poivre

Astuces_ • Vous pouvez utiliser 200 g de mimolette ou 200 g de cheddar au choix au lieu de faire un mix des deux. • Votre cake est prêt quand la pointe d'un couteau enfoncée dans le centre du cake ressort sèche.

la botte secrète d'aude et leslie

Après avoir beurré le moule, saupoudrez le fond et les parois de 2 à 3 cuil. à café de graines de carvi (qui ressemble au cumin). Trop beau, une fois démoulé !

le tuyau de laurence

Vous pouvez faire des mini-cakes en utilisant des moules en silicone ou en papier. De quoi proposer des petites bouchées originales à dévorer entre copains à l'heure de l'apéro.

Cake aux courgettes, chèvre et menthe

PRÉPARATION 20 MIN | **CUISSON** 1 H | **COÛT** ★ | **DIFFICULTÉ** ★

→ VOICI UN CAKE ULTRA-MOELLEUX. SERVEZ-LE SIMPLEMENT AVEC UNE PETITE SALADE DE POUSSES D'ÉPINARD OU DE MÂCHE ET NOIX. UN RÉGAL !

1 Préchauffez le four à 180 °C (th. 6). Beurrez un moule à cake. Lavez les courgettes et épluchez-les en laissant une bande de peau sur deux. Râpez-les puis égouttez-les bien en les pressant entre vos mains. Lavez la menthe et coupez-la finement.

2 Ôtez la croûte de la bûche de chèvre et coupez le fromage en petits morceaux. Faites fondre le beurre au micro-ondes ou dans une casserole à feu doux. Dans un bol, mélangez la farine avec la levure.

3 Dans un saladier, fouettez les œufs entiers avec 2 pincées de sel jusqu'à l'obtention d'un mélange mousseux. Ajoutez successivement le beurre fondu, le lait, la moutarde, la menthe, la farine mélangée à la levure, en continuant de fouetter. Poivrez généreusement.

4 Ajoutez les courgettes, le chèvre et l'emmental. Mélangez à nouveau. Versez la pâte dans le moule beurré et faites cuire au four 1 h environ. À la sortie du four, laissez reposer le cake 5 min avant de le démouler sur une grille. Servez tiède ou froid.

Les ingrédients pour 6 à 8 personnes

Pour la garniture

2 petites courgettes

12 feuilles de menthe

1 bûche de chèvre

Pour la base

140 g de beurre

230 g de farine

1 sachet de levure chimique

4 œufs

10 cl de lait entier

2 belles cuil. à soupe de moutarde forte

1 poignée d'emmental râpé

1 noisette de beurre pour le moule

sel et poivre

Astuces_ • Pour un cake au top, farinez légèrement les morceaux de chèvre avant de les ajouter dans la préparation. • Quand vous avez du temps, faites dégorger les courgettes râpées dans une passoire avec 1 cuil. à café de gros sel pendant 3 h.

Pour varier_ **Cake aux courgettes, ricotta et basilic.** Remplacez le chèvre par 300 g de ricotta, la menthe par du basilic et l'emmental par 50 g de parmesan râpé.

la botte secrète d'aude et leslie

Rajoutez à la préparation 1/2 Boursin coupé en petits morceaux. Dans ce cas-là, comptez 1/2 bûche de chèvre.

le truc de stéphan

Bon à savoir : si vous faites ce cake à l'avance, la saveur de la menthe continuera à se développer ! Dans ce cas, diminuez les quantités de feuilles de menthe par deux.

recette**pour**épater...

Petits cakes aux deux saumons et à l'aneth

PRÉPARATION 20 MIN | **CUISSON** 30 MIN | **COÛT** ★★ | **DIFFICULTÉ** ★ |

MATÉRIEL SPÉCIFIQUE MOULES À CAKE INDIVIDUELS

1 Préchauffez le four à 180 °C (th. 6). Beurrez les moules à cake. Ôtez la peau du pavé de saumon et coupez-le en petits dés. Coupez le saumon fumé en lanières à l'aide de ciseaux. Lavez l'aneth et coupez-la finement. Dans un bol, mélangez la farine avec la levure.

2 Dans un saladier, mélangez à l'aide d'un fouet les œufs entiers jusqu'à l'obtention d'un mélange mousseux. Ajoutez successivement la crème liquide, le vin blanc, l'aneth, la farine mélangée à la levure en continuant de fouetter. Poivrez généreusement.

3 Ajoutez les deux saumons et le parmesan. Mélangez à nouveau. Versez la pâte dans les moules beurrés et faites cuire au four 25 à 30 min environ. À la sortie du four, laissez reposer les cakes 5 min avant de les démouler sur une grille. Servez chaud, tiède ou froid.

Les ingrédients pour 6 à 8 personnes (16 cakes environ)

Pour la garniture

160 g de pavé de saumon
80 g de saumon fumé
2 cuil. à soupe d'aneth coupée

Pour la base

200 g de farine
½ sachet de levure chimique
3 œufs
7 cuil. à soupe de crème liquide
3 cuil. à soupe de vin blanc sec
50 g de parmesan râpé
1 belle noix de beurre pour les moules
poivre

Astuces_ • Utilisez de préférence des mini-moules en silicone : vous n'aurez pas besoin de les beurrer et le démoulage se fera en un tour de main. • Dégustez cette recette en entrée sur un lit de cœurs de laitue... • Votre cake est prêt quand la pointe d'un couteau enfoncée dans le centre du cake ressort sèche.

Pour varier_ **Cake au crabe**. Remplacez le saumon fumé par 150 g de miettes de crabe.

le tuyau de laurence

Servez ce délicieux cake avec une crème fouettée au bleu. C'est très simple, montez de la crème liquide bien froide en chantilly, salez, poivrez et incorporez-y un peu de roquefort en purée.

le verre de vin qui va bien

Servez ce cake avec un verre de vodka ou d'aquavit glacée.

Cake au comté et aux petits lardons

PRÉPARATION 15 MIN | **CUISSON** 50 MIN | **COÛT** ★ | **DIFFICULTÉ** ★

→ VOICI UNE RECETTE SIMPLISSIME, IDÉALE POUR UN DIMANCHE SOIR. IL SUFFIT D'UN MORCEAU DE COMTÉ ET DE QUELQUES LARDONS POUR RÉALISER CE DÉLICIEUX CAKE EN UN TOUR DE MAIN. À VOUS DE LE « CUSTOMISER » SELON VOS ENVIES ET SURTOUT VOS FONDS DE PLACARD : OLIVES NOIRES, CHAMPIGNONS, PISTACHES OU ENCORE PARMESAN...

1 Préchauffez le four à 180 °C (th. 6). Beurrez un moule à cake. Dans une poêle antiadhésive, faites revenir les petits lardons 5 min environ, puis farinez-les légèrement. Dans un bol, mélangez la farine avec la levure.

2 Dans un saladier, mélangez à l'aide d'un fouet les œufs entiers jusqu'à l'obtention d'un mélange mousseux. Ajoutez successivement le vin blanc, l'huile, le sucre, la farine mélangée à la levure, en continuant de fouetter. Poivrez généreusement.

3 Ajoutez le comté râpé et les lardons. Mélangez à nouveau. Versez la pâte dans le moule beurré et faites cuire au four 45 à 50 min environ. À la sortie du four, laissez reposer le cake 5 min avant de le démouler sur une grille. Servez tiède ou froid.

Les ingrédients pour 6 à 8 personnes

Pour la garniture

150 g de lardons allumettes
2 cuil. à soupe de farine pour les lardons
200 g de comté râpé

Pour la base

230 g de farine
1 sachet de levure chimique
4 œufs
3 cuil. à soupe de vin blanc sec
7 cuil. à soupe d'huile d'olive
3 pincées de sucre en poudre
1 noisette de beurre pour le moule
poivre

Astuces_ • Vous pouvez aussi ajouter dans la pâte, au choix : 1 poignée de petits pois frais ou surgelés écossés, d'olives vertes ou encore de tomates séchées. • Pour aller plus vite, remplacez les lardons par 3 tranches de jambon blanc coupées en petits morceaux. Vous supprimerez ainsi l'étape de la poêle. • Pas besoin de saler cette recette, les lardons s'en chargent.

Pour varier_ **Cake au gouda et aux petits lardons.** Remplacez le comté par du gouda et ajoutez du cumin en grains dans la préparation.

la botte secrète d'aude et leslie

Troquez simplement le comté contre la même quantité de reblochon. C'est à se damner !

Cake aux artichauts et tomates confites

PRÉPARATION 20 MIN | **CUISSON** 1 H | **COÛT** ★ | **DIFFICULTÉ** ★

1 Préchauffez le four à 180 °C (th. 6). Beurrez un moule à cake. Dans une casserole d'eau bouillante salée, faites cuire les fonds d'artichaut surgelés comme indiqué sur le paquet (12 min environ). Pendant ce temps, égouttez les tomates séchées et les olives et coupez-les en petits morceaux. Dans un bol, mélangez la farine avec la levure.

2 Dans un saladier, mélangez à l'aide d'un fouet les œufs entiers avec 3 pincées de sel jusqu'à l'obtention d'un mélange mousseux. Ajoutez successivement l'huile d'olive, le lait, le thym, la moutarde, le parmesan et la farine mélangée à la levure, en continuant de fouetter. Poivrez.

3 Quand les fonds d'artichaut sont cuits, égouttez-les, coupez-les en petits morceaux et farinez-les. Puis ajoutez-les dans la pâte avec les tomates séchées et les olives. Mélangez à nouveau. Versez la pâte dans le moule beurré et faites cuire au four 1 h environ. À la sortie du four, laissez reposer le cake 5 min avant de le démouler sur une grille. Servez tiède ou froid.

Les ingrédients pour 6 à 8 personnes

Pour la garniture

150 g de fonds d'artichaut surgelés
100 g de tomates séchées à l'huile d'olive
1 belle poignée d'olives noires dénoyautées
2 cuil. à soupe de farine pour les artichauts

Pour la base

230 g de farine
1 sachet de levure chimique
4 œufs
10 cl d'huile d'olive
10 cl de lait entier
1 cuil. à café de thym
2 belles cuil. à soupe de moutarde forte
50 g de parmesan râpé
1 noisette de beurre pour le moule
sel et poivre

Astuce_ Vous pouvez remplacer le parmesan par du gruyère ou de l'emmental râpé.

Pour varier_ **Cake artichaut et tapenade.** Ajoutez 4 cuil. à café de tapenade dans la pâte au même moment que le thym. Supprimez alors la moutarde et les olives noires.

la botte secrète d'aude et leslie

Après avoir beurré le moule, saupoudrez le fond et les parois de 2 à 3 cuil. à café de graines de pavot. Un petit plus visuel et gustatif garanti !

le truc de stéphan

N'hésitez pas à ajouter à la pâte 100 g d'artichaut en purée. Dans ce cas, retirez 30 g de farine.

le tuyau de laurence

Vous pouvez poêler à l'huile d'olive vos dés de cœur d'artichaut avec de l'ail.

Cake au jambon, parmesan et figues

PRÉPARATION 15 MIN | **CUISSON** 45 MIN | **COÛT** ★★ | **DIFFICULTÉ** ★

→ UN CAKE IDÉAL À L'APÉRO... SERVEZ-LE COUPÉ EN CUBES ET DÉGUSTEZ-LE AVEC UNE BONNE BIÈRE TRÈS FRAÎCHE.

1 Préchauffez le four à 180 °C (th. 6). Beurrez un moule à cake. Dégraissez le jambon cru et coupez-le en petits morceaux. Coupez les figues séchées en petits morceaux et farinez-les légèrement. Dans un bol, mélangez la farine avec la levure.

2 Dans un saladier, mélangez à l'aide d'un fouet les œufs entiers avec 4 pincées de sel et le sucre en poudre jusqu'à l'obtention d'un mélange mousseux. Ajoutez successivement l'huile d'olive, le vin blanc, la ciboulette, l'estragon et la farine mélangée à la levure, en continuant de fouetter. Poivrez.

3 Ajoutez le jambon cru, les figues et le parmesan. Mélangez à nouveau. Versez la pâte dans le moule beurré et faites cuire au four 45 min environ. À la sortie du four, laissez reposer le cake 5 min avant de le démouler sur une grille. Servez tiède ou froid.

Les ingrédients pour 6 personnes

Pour la garniture

150 g de jambon cru
150 g de figues séchées
2 cuil. à soupe de farine pour les figues
2 cuil. à soupe de ciboulette coupée
1 cuil. à soupe d'estragon coupé
100 g de parmesan râpé

Pour la base

200 g de farine
1 sachet de levure chimique
4 œufs
3 pincées de sucre en poudre
7 cuil. à soupe d'huile d'olive
3 cuil. à soupe de vin blanc sec
1 noisette de beurre pour le moule
sel et poivre

Astuces_ • Si votre cake a tendance à trop dorer au cours de la cuisson, baissez la température du four à 150 °C (th. 5) et couvrez-le d'une feuille de papier d'aluminium.
• Pour aller plus vite, utilisez des fines herbes surgelées.

la botte secrète d'aude et leslie

Pensez à remplacer le vin blanc par de la bière blonde. Un délice !

le verre de vin qui va bien

Le mélange figue/parmesan fonctionne très bien dans ce cake. Si vous le servez au dîner, soulignez cet accord avec un verre de madiran.

Cake moelleux au thon

PRÉPARATION 20 MIN | **CUISSON** 50 MIN | **COÛT** ★ | **DIFFICULTÉ** ★

Les ingrédients pour 6 à 8 personnes

Pour la garniture

250 g de pavé de thon
1 filet d'huile d'olive pour la poêle
2 cuil. à soupe de persil plat coupé
3 pincées de piment de Cayenne
100 g de poivrons rouges à l'huile d'olive
2 cuil. à soupe de farine pour les poivrons et le thon

Pour la base

200 g de farine
1 sachet de levure chimique
3 œufs
7 cuil. à soupe de crème liquide
3 cuil. à soupe de vin blanc sec
50 g de parmesan râpé
1 noisette de beurre pour le moule
sel et poivre

1 Coupez le thon en gros dés. Dans une poêle anti-adhésive, faites chauffer l'huile et ajoutez le thon, le persil plat et le piment. Salez et poivrez. Laissez cuire 5 min en mélangeant régulièrement.

2 Pendant ce temps, préchauffez le four à 180 °C (th. 6). Beurrez un moule à cake. Égouttez les poivrons, coupez-les en petits morceaux, puis farinez-les légèrement. Dans un bol, mélangez la farine avec la levure.

3 Dans un saladier, mélangez à l'aide d'un fouet les œufs entiers jusqu'à l'obtention d'un mélange mousseux. Ajoutez successivement la crème liquide, le vin blanc, la farine mélangée à la levure et le parmesan, en continuant de fouetter.

4 Quand les dés de thon sont prêts, farinez-les puis ajoutez-les dans la pâte ainsi que les poivrons. Mélangez à nouveau. Versez la pâte dans le moule beurré et faites cuire au four 50 min environ.
À la sortie du four, laissez reposer le cake 5 min avant de le démouler sur une grille. Servez tiède ou froid.

Astuces_ • Sachez que vous trouverez des poivrons à l'huile d'olive en bocal dans les rayons spécialisés des supermarchés ou chez les traiteurs italiens. • Pour aller plus vite, utilisez du thon au naturel bien égoutté. Vous supprimerez ainsi l'étape de la poêle. • Votre cake est prêt quand la pointe d'un couteau enfoncée dans le centre du cake ressort sèche. • Si votre cake a tendance à trop dorer au cours de la cuisson, baissez la température du four à 150 °C (th. 5) et couvrez-le d'une feuille de papier d'aluminium.

la botte secrète d'aude et leslie

Après avoir beurré le moule, saupoudrez le fond et les parois de 2 à 3 cuil. à café de graines de sésame. En le démoulant, cela fera grand effet !
Et pour un petit plus gustatif, rajoutez 1 poignée de câpres dans la pâte.

Mini-cakes au magret fumé, petits pois et fèves

PRÉPARATION 10 MIN | **CUISSON** 30 MIN | **COÛT** ★★ | **DIFFICULTÉ** ★ |

MATÉRIEL SPÉCIFIQUE MOULES À CAKE INDIVIDUELS

1 Préchauffez le four à 180 °C (th. 6). Beurrez les moules à cake. Dégraissez les magrets fumés et coupez-les en lanières. Dans un bol, mélangez la farine avec la levure.

2 Dans un saladier, mélangez à l'aide d'un fouet les œufs entiers avec 4 pincées de sel et le sucre en poudre jusqu'à l'obtention d'un mélange mousseux. Ajoutez successivement l'huile d'olive, le vin blanc, la farine mélangée à la levure et le parmesan en continuant de fouetter. Salez et poivrez.

3 Ajoutez les magrets, les petits pois et les fèves encore surgelées. Mélangez à nouveau. Versez la pâte dans les moules beurrés, saupoudrez le tout de pignons de pin et faites cuire au four 25 à 30 min environ. À la sortie du four, laissez reposer le cake 5 min avant de le démouler sur une grille. Servez tiède ou froid.

Les ingrédients pour 6 à 8 personnes
(16 mini-cakes environ)

Pour la garniture
200 g de magret de canard fumé
75 g de petits pois surgelés
75 g de fèves surgelées
1 belle poignée de pignons de pin
2 cuil. à soupe de farine pour la garniture

Pour la base
230 g de farine
1 sachet de levure chimique
4 œufs
3 pincées de sucre en poudre
7 cuil. à soupe d'huile d'olive
3 cuil. à soupe de vin blanc sec
50 g de parmesan râpé
1 noisette de beurre pour les moules
sel et poivre

Astuces_ • Vous pouvez rajouter dans la pâte des fines herbes finement coupées (persil ou ciboulette au choix). • Utilisez de préférence des mini-moules en silicone : vous n'aurez pas besoin de les beurrer et le démoulage se fera en un tour de main.

la botte secrète d'aude et leslie

Vous pouvez rajouter dans la pâte 75 g de tomme de brebis râpée. Supprimez dans ce cas-là le parmesan.

Cake aux tomates séchées, feta et basilic

PRÉPARATION 15 MIN | **CUISSON** 1 H | **COÛT** ★ | **DIFFICULTÉ** ★

→ VOICI UN CAKE AUX NOTES MÉDITERRANÉENNES À GLISSER DANS LES PANIERS DE PIQUE-NIQUE DÈS QUE LES BEAUX JOURS POINTENT LEUR NEZ.

1 Préchauffez le four à 180 °C (th. 6). Beurrez un moule à cake. Égouttez les tomates séchées et coupez-les en petits morceaux. Lavez et coupez les tomates fraîches en cubes. Coupez la feta en petits dés. Farinez le tout (tomates séchées, tomates fraîches et feta). Dans un bol, mélangez la farine avec la levure.

2 Dans un saladier, mélangez à l'aide d'un fouet les œufs entiers avec 3 pincées de sel jusqu'à l'obtention d'un mélange mousseux. Ajoutez successivement l'huile d'olive, le lait, le basilic, la moutarde et la farine mélangée à la levure, en continuant de fouetter. Poivrez généreusement.

3 Ajoutez les tomates séchées, les tomates fraîches et la feta. Mélangez à nouveau. Versez la pâte dans le moule beurré et faites cuire au four 1 h environ. À la sortie du four, laissez reposer le cake 5 min avant de le démouler sur une grille. Servez tiède ou froid.

Les ingrédients pour 6 à 8 personnes

Pour la garniture

100 g de tomates séchées à l'huile d'olive
2 petites tomates
150 g de feta
3 cuil. à soupe de farine pour la garniture
2 cuil. à soupe de basilic coupé

Pour la base

230 g de farine
1 sachet de levure chimique
4 œufs
10 cl d'huile d'olive
10 cl de lait entier
1 cuil. à soupe de moutarde forte
1 noisette de beurre pour le moule
sel et poivre

Astuces_ • Pour varier les plaisirs, rajoutez 1 cuil. à soupe de tapenade d'olives noires dans la pâte. • Servez ce cake coupé en cubes à l'heure de l'apéro ou en entrée posé sur un lit de cresson ou de roquette.

Pour varier_ **Cake tomates séchées, mozza et origan.** Il suffit de remplacer la feta par la même quantité de mozzarella et le basilic par 1 cuil. à soupe d'origan.

le tuyau de laurence

Remplacez la moitié des tomates séchées par la même quantité de tomates confites, en vente au rayon traiteur des grandes surfaces ou en petites barquettes. Un délice !

le verre de vin qui va bien

Optez pour un valpolicella avec ce délicieux petit cake salé.

© 2003 architec U.S. Pat No. 6,478,29

Cake au poulet et à l'estragon

PRÉPARATION 20 MIN | **CUISSON** 1 H | **COÛT** ★★ | **DIFFICULTÉ** ★★

1 Épluchez les oignons et coupez-les finement. Coupez les blancs de poulet en lamelles. Dans une poêle antiadhésive, faites chauffer l'huile. Ajoutez les oignons, faites-les revenir 3 à 4 min puis ajoutez les morceaux de poulet. Laissez cuire 7 à 8 min environ en mélangeant régulièrement, jusqu'à ce qu'ils soient bien dorés. À la fin de la cuisson, farinez-les légèrement avec les 2 cuil. à soupe de farine.

2 Pendant ce temps, préchauffez le four à 180 °C (th. 6). Beurrez un moule à cake. Lavez l'estragon et coupez-le finement avec des ciseaux. Dans un bol, mélangez la farine avec la levure.

3 Dans un saladier, mélangez à l'aide d'un fouet les œufs entiers avec 3 pincées de sel jusqu'à l'obtention d'un mélange mousseux. Ajoutez successivement l'huile d'olive, le lait, l'estragon, la moutarde à l'estragon et la farine mélangée à la levure, en continuant de fouetter. Poivrez généreusement.

4 Ajoutez les blancs de poulet farinés avec les oignons et le comté râpé. Mélangez à nouveau. Versez la pâte dans le moule beurré et faites cuire au four 1 h environ. À la sortie du four, laissez reposer le cake 5 min avant de le démouler sur une grille. Servez chaud, tiède ou froid.

Les ingrédients pour 6 à 8 personnes

Pour la garniture

2 petits oignons blancs
250 g de blancs de poulet
1 filet d'huile d'olive pour la poêle
2 cuil. à soupe de farine pour le poulet
½ bouquet d'estragon
100 g de comté râpé

Pour la base

230 g de farine
1 sachet de levure chimique
4 œufs
10 cl d'huile d'olive
10 cl de lait entier
2 belles cuil. à soupe de moutarde à l'estragon
1 noisette de beurre pour le moule
sel et poivre

Astuces_ • Vous pouvez remplacer la moutarde à l'estragon par de la moutarde à l'ancienne ou au citron. • Pour vous faciliter la tâche, pensez à couper les blancs de poulet à l'aide de ciseaux. • Pour aller plus vite, utilisez de l'estragon coupé surgelé. • Pour ciseler facilement vos fines herbes, placez-les dans un verre et donnez des coups de ciseaux jusqu'à ce qu'elles soient finement coupées.

Pour varier_ **Cake au poulet et au curry.** Il suffit de saupoudrer le poulet cuit de quelques pincées de curry. Dans ce cas là, supprimez l'estragon.

le tuyau de laurence

Essayez cette recette avec du poulet fumé...

Cake au roquefort, noix et raisins secs

PRÉPARATION 15 MIN I **CUISSON** 45 MIN I **COÛT** ★ I **DIFFICULTÉ** ★

→ UN DÉLICIEUX CAKE SUCRÉ-SALÉ QUI SE MARIE À MERVEILLE AVEC UNE PETITE SALADE D'ENDIVES, POMMES GRANNY ET NOIX.

1 Préchauffez le four à 180 °C (th. 6). Beurrez un moule à cake. Coupez le roquefort en petits morceaux. Dans un mortier, concassez grossièrement les cerneaux de noix. Dans une assiette, farinez les raisins secs. Dans un bol, mélangez la farine avec la levure.

2 Dans un saladier, mélangez à l'aide d'un fouet les œufs entiers jusqu'à l'obtention d'un mélange mousseux. Ajoutez successivement l'huile, la crème fraîche et la farine mélangée à la levure, en continuant de fouetter. Poivrez généreusement.

3 Ajoutez les dés de roquefort, les raisins secs farinés et les noix concassées. Mélangez à nouveau. Versez la pâte dans le moule beurré et faites cuire au four 45 min environ. À la sortie du four, laissez reposer le cake 5 min avant de le démouler sur une grille. Servez tiède ou froid.

Les ingrédients pour 6 personnes

Pour la garniture

150 g de roquefort

75 g de cerneaux de noix

75 g de raisins secs

1 cuil. à soupe de farine pour les raisins

Pour la base

200 g de farine

1 sachet de levure chimique

3 œufs

10 cl d'huile de tournesol

10 cl de crème fraîche

1 noisette de beurre pour le moule

poivre

Astuces_ • Vous pouvez remplacer le roquefort par du bleu de Bresse ou d'Auvergne ou de la fourme d'Ambert. • Pour donner du moelleux à vos raisins secs, n'hésitez pas à les faire tremper quelques minutes dans un bol d'eau chaude. • Ne salez pratiquement pas cette recette car le roquefort s'en charge.

Pour varier_ Cake au roquefort, noisettes et pruneaux. Remplacez les noix par des noisettes et les raisins secs par 10 pruneaux dénoyautés et coupés en petits morceaux. N'oubliez pas de les fariner avant de les ajouter à la pâte.

le truc de stéphan

Remplacez la moitié de l'huile de tournesol par de l'huile de noix. Fameux !

le tuyau de laurence

Sortez votre cake du four à mi-cuisson et saupoudrez de noisettes concassées, puis remettez à cuire. Vous obtiendrez une croûte de noisette sur le dessus !

Cake tomates mozzarella

PRÉPARATION 20 MIN | **CUISSON** 55 MIN | **COÛT** ★ | **DIFFICULTÉ** ★

1 Préchauffez le four à 180 °C (th. 6). Beurrez un moule à cake. Plongez les tomates 30 secondes environ dans une casserole d'eau bouillante. Lorsque leur peau commence à se décoller, ressortez-les une à une à l'aide d'une louche ou d'une écumoire.

2 Pelez les tomates, épépinez-les et coupez-les en petits morceaux. Égouttez et coupez la mozzarella en petits morceaux. Dans un bol, mélangez la farine avec la levure.

3 Dans un saladier, mélangez à l'aide d'un fouet les œufs entiers avec 3 pincées de sel jusqu'à l'obtention d'un mélange mousseux. Ajoutez successivement l'huile d'olive, le lait, le basilic, la farine mélangée à la levure et le parmesan, en continuant de fouetter. Poivrez généreusement.

4 Ajoutez les tomates et la mozzarella. Mélangez à nouveau. Versez la pâte dans le moule beurré et faites cuire au four 55 min environ. À la sortie du four, laissez reposer le cake 5 min avant de le démouler sur une grille. Servez tiède ou froid.

Les ingrédients pour 6 à 8 personnes

Pour la garniture

4 tomates en grappe
200 g de mozzarella
2 cuil. à soupe de basilic coupé

Pour la base

230 g de farine
1 sachet de levure chimique
4 œufs
10 cl d'huile d'olive
10 cl de lait entier
50 g de parmesan râpé
1 noisette de beurre pour le moule
col ot poivre

Astuce_ Pour varier les plaisirs, testez cette recette avec 3 feuilles de sauge finement coupées à la place du basilic.

la botte secrète d'aude et leslie

N'hésitez pas à rajouter 1 poignée d'olives vertes dénoyautées et coupées en petits morceaux ou 2 cuil. à soupe de tapenade d'olives vertes dans la pâte. Succulent !

le truc de stéphan

Je prépare cette recette en remplaçant les tomates fraîches par des tomates séchées coupées en petits dés. J'en prends alors 150 g environ.

le tuyau de laurence

Pour des recettes à base de mozzarella cuite, utilisez la mozzarella vendue en pain et non en boule, car cette variété ne rend pas d'eau à la cuisson. La mozzarella en boule est, par contre, meilleure pour les recettes ne demandant pas de cuisson.

Cake aux olives et parmesan

PRÉPARATION 15 MIN **I CUISSON** 55 MIN **I COÛT ★ I DIFFICULTÉ ★**

1 Préchauffez le four à 180 °C (th. 6). Beurrez un moule à cake. Râpez le parmesan sur les gros trous d'une râpe et coupez les olives noires et vertes en petits morceaux. Dans un bol, mélangez la farine avec la levure.

2 Dans un saladier, mélangez à l'aide d'un fouet les œufs entiers jusqu'à l'obtention d'un mélange mousseux. Ajoutez successivement l'huile d'olive, le lait, les herbes de Provence et la farine mélangée à la levure, en continuant de fouetter. Poivrez généreusement.

3 Ajoutez le parmesan et les olives noires et vertes. Mélangez à nouveau. Versez la pâte dans le moule beurré, saupoudrez le tout de pignons de pin et faites cuire au four 55 min environ. À la sortie du four, laissez reposer le cake 5 min avant de le démouler sur une grille. Servez tiède ou froid.

Les ingrédients pour 6 à 8 personnes

Pour la garniture

150 g de parmesan
75 g d'olives vertes dénoyautées
75 g d'olives noires dénoyautées
1 belle poignée de pignons de pin

Pour la base

200 g de farine
1 sachet de levure chimique
4 œufs
10 cl d'huile d'olive
10 cl de lait entier
1 cuil. à café d'herbes de Provence
1 noisette de beurre pour le moule
poivre

Astuces_ • Pour aller plus vite, utilisez du parmesan déjà râpé. • Si votre cake a tendance à trop dorer au cours de la cuisson, baissez la température du four à 150 °C (th. 5) et couvrez-le d'une feuille de papier d'aluminium.

la botte secrète d'aude et leslie

Nous, on adore rajouter à cette recette 5 filets d'anchois rincés et coupés en petits morceaux.

le truc de stéphan

Si cette recette vous plaît (ce dont je ne doute pas), refaites-la en y ajoutant les feuilles d'une belle botte de basilic hachées aussi finement que possible.

Cake épicé au chorizo

PRÉPARATION 15 MIN | **CUISSON** 55 MIN | **COÛT** ★ | **DIFFICULTÉ** ★

→ POUR UN APÉRO À L'ESPAGNOLE, DÉGUSTEZ CE CAKE COUPÉ EN CUBES AVEC UN VERRE DE SANGRIA.

1 Préchauffez le four à 180 °C (th. 6). Beurrez un moule à cake. Enlevez la peau du chorizo et coupez-le en petits morceaux. Puis farinez-les. Dans un bol, mélangez la farine avec la levure.

2 Dans un saladier, mélangez à l'aide d'un fouet les œufs entiers jusqu'à l'obtention d'un mélange mousseux. Ajoutez successivement l'huile d'olive, le lait, le piment d'Espelette, la farine mélangée à la levure et le parmesan, en continuant de fouetter. Poivrez.

3 Ajoutez le chorizo. Mélangez à nouveau. Versez la pâte dans le moule beurré et faites cuire au four 55 min environ. À la sortie du four, laissez reposer le cake 5 min avant de le démouler sur une grille. Servez tiède ou froid.

Les ingrédients pour 6 à 8 personnes

Pour la garniture

200 g de chorizo doux

2 cuil. à soupe de farine pour le chorizo

4 pincées de piment d'Espelette

Pour la base

200 g de farine

1 sachet de levure chimique

4 œufs

10 cl d'huile d'olive

10 cl de lait entier

70 g de parmesan râpé

1 noisette de beurre pour le moule

poivre

Astuce_ Pour rendre ce cake encore plus fondant, rajoutez 1 poignée de gruyère râpé dans la pâte.

Pour varier_ **Cake chorizo gorgonzola**. Rajoutez 150 g de gorgonzola coupé en dés. Dans ce cas-là, supprimez le parmesan et comptez 150 g de chorizo au lieu de 200 g.

la botte secrète d'aude et leslie

Avec quelques dés de feta ou de mozzarella, c'est tout simplement trop bon...

le verre de vin qui va bien

Si vous proposez ce cake vraiment parfumé lors d'un dîner, accompagnez-le d'un verre de bergerac ou de cahors rouge.

Le cake qui a affolé nos papilles !

PRÉPARATION 25 MIN **I CUISSON** 50 MIN **I COÛT** ★★ **I DIFFICULTÉ** ★

→ LORS DE NOS SÉANCES DE TESTS EN CUISINE, ON A VOULU CRÉER LE CAKE DE NOS RÊVES EN RASSEMBLANT TOUS NOS PÉCHÉS MIGNONS DANS UNE MÊME RECETTE : CARAMELS MOUS, BEURRE SALÉ, AMARETTO ET FIGUES... ET LE RÉSULTAT A DÉPASSÉ NOS ESPÉRANCES !

1 Préchauffez le four à 160 °C (th. 5-6). Beurrez un moule à cake. Coupez les figues en petits morceaux et faites-les tremper dans l'amaretto quelques instants. Découpez les Michoko en petits morceaux à l'aide d'un couteau. Dans un bol, mélangez la farine avec la levure et la poudre d'amandes. Faites fondre le beurre salé au micro-ondes.

2 Dans un saladier, mélangez à l'aide d'un fouet les œufs entiers jusqu'à l'obtention d'un mélange mousseux. Ajoutez successivement le sucre roux puis la farine mélangée à la levure et à la poudre d'amandes, en continuant de fouetter.

3 Ajoutez le beurre fondu, les figues égouttées et les Michoko. Mélangez à nouveau. Versez la pâte dans le moule beurré, saupoudrez le tout d'amandes effilées et faites cuire au four 50 min environ. À la sortie du four, laissez reposer le cake 5 min avant de le démouler sur une grille. Servez chaud, tiède ou froid.

Les ingrédients pour 6 à 8 personnes

Pour la garniture

200 g de figues séchées
3 cuil. à soupe d'amaretto
15 Michoko au chocolat au lait
1 belle poignée d'amandes effilées

Pour la base

120 g de farine
1 sachet de levure chimique
150 g de beurre salé
80 g de poudre d'amandes
3 œufs
120 g de sucre roux
1 noisette de beurre pour le moule

Astuces_ • Si vous n'avez pas de Michoko, vous pouvez aussi préparer cette recette avec tout type de caramels mous (nature, au beurre salé ou au chocolat). • L'amaretto est un alcool italien à base d'amande amère. On en trouve facilement chez les traiteurs italiens ou dans les grandes surfaces.

Pour varier_ Cake au caramel et aux fruits secs. Remplacez les figues par des raisins secs que vous ferez tremper dans du rhum (et non de l'amaretto). Rajoutez 1 poignée de dattes dénoyautées et coupées en petits morceaux.

la botte secrète d'aude et leslie

Quand on en trouve sur les marchés ou dans les épiceries spécialisées, on cuisine aussi ce cake avec 1 poignée de dés de papaye séchée et un peu de gingembre confit coupé en petits morceaux. Dans ce cas-là, supprimez les figues et l'amaretto.

Cake aux mangues caramélisées

PRÉPARATION 25 MIN | **CUISSON** 50 MIN | **COÛT** ★★ | **DIFFICULTÉ** ★★

→ UNE RECETTE ULTRA-ORIGINALE À SERVIR EN ÉTÉ COMME EN HIVER. AVEC UNE BOULE DE SORBET AUX FRUITS DE LA PASSION OU UN FILET DE CRÈME ANGLAISE.

Les ingrédients pour 6 à 8 personnes

Pour la garniture

3 mangues
60 g de beurre
5 cuil. à soupe de miel liquide
1 poignée de copeaux de noix de coco

Pour la base

200 g de farine
1 sachet de levure chimique
3 cuil. à soupe de noix de coco râpée
1 pincée de sel
200 g de beurre
200 g de sucre glace
4 œufs
1 noisette de beurre pour le moule

1 Préchauffez le four à 180 °C (th. 6). Beurrez un moule à cake. Dans un bol, mélangez la farine avec la levure, la noix de coco râpée et la pincée de sel. Faites fondre les 200 g de beurre au micro-ondes et laissez-le refroidir quelques instants.

2 Préparez les mangues caramélisées. Pour cela, épluchez les mangues et coupez-les en dés ; faites fondre 60 g de beurre dans une poêle antiadhésive à feu vif. Ajoutez les dés de mangues et faites-les revenir en mélangeant régulièrement quelques instants (2 min environ). Puis versez le miel liquide et laissez caraméliser 10 à 12 min environ en mélangeant très régulièrement.

3 Pendant ce temps, dans un saladier, mélangez à l'aide d'un fouet le beurre fondu avec le sucre glace. Ajoutez successivement les œufs entiers puis le bol contenant la farine, en continuant de fouetter. Puis ajoutez délicatement les mangues caramélisées avec la moitié du jus de cuisson. Mélangez à nouveau.

4 Versez la pâte dans le moule beurré et faites cuire au four 50 min environ. À la sortie du four, laissez reposer le cake 5 min avant de le démouler sur une grille. Servez tiède ou froid parsemé de copeaux de noix de coco.

Astuces_ • Si vos mangues ne sont pas assez mûres, faites-les caraméliser 15 min.
• Pour éviter que vos mangues ne tombent dans le fond du moule, vous pouvez les fariner.

la botte secrète d'aude et leslie

Rajoutez quelques pincées de gingembre frais râpé ou un peu de gingembre confit...

le verre de vin qui va bien

Accompagnez ce superbe cake d'un petit verre de loupiac frais.

Carrot cake géant comme à New-York

PRÉPARATION 15 MIN | **CUISSON** 50 MIN | **COÛT** ★★ | **DIFFICULTÉ** ★

→ LESLIE A RAPPORTÉ CETTE RECETTE DANS SES VALISES APRÈS UN SÉJOUR À NEW-YORK... DEPUIS ON L'A BREVETÉE EN FRANCE EN RAJOUTANT QUELQUES PETITES TOUCHES PERSO ET EN ADAPTANT LES MESURES : UNE *CUP* POUR NOUS EST DEVENUE L'ÉQUIVALENT D'UN VERRE À MOUTARDE.

1 Préchauffez le four à 180 °C (th. 6). Beurrez un moule à cake. Épluchez les carottes et râpez-les finement. Dans un mortier, concassez très finement les noix, les noisettes et les amandes.

2 Dans un saladier, mélangez la farine avec la levure. Puis ajoutez successivement le sucre roux, le sucre vanillé, la cannelle, la poudre d'amandes, les œufs entiers et l'huile. Mélangez bien.

3 Ajoutez les carottes râpées, les noix, les noisettes et les amandes. Versez la pâte dans le moule beurré et faites cuire au four 50 min environ. À la sortie du four, laissez reposer le *carrot cake* 5 min avant de le démouler sur une grille. Servez froid.

Astuces_ • Si vous n'avez pas de mortier, enveloppez les noix, noisettes et amandes dans un torchon et écrasez-les à l'aide d'un rouleau à pâtisserie ou d'un petit marteau.
• Pour varier les plaisirs, rajoutez dans la pâte le zeste d'une demi-orange non traitée et 1 cuil. à soupe de Grand Marnier. Un délice !

Les ingrédients pour 12 personnes

Pour la garniture

4 belles carottes
75 g de cerneaux de noix
75 g de noisettes entières non salées
50 g d'amandes entières non salées

Pour la base

3 *cup* de farine
1 sachet de levure chimique
2 *cup* de sucre roux
2 sachets de sucre vanillé
1 cuil. à soupe de cannelle en poudre
3 cuil. à soupe de poudre d'amandes
4 œufs
1,5 *cup* d'huile de tournesol
1 noisette de beurre pour le moule

→ 1 *cup* = 1 verre à moutarde

le tuyau de laurence

Rajoutez un filet d'eau de fleur d'oranger dans la préparation. Cela apportera une petite note subtile à votre *carrot cake*.

le truc de stéphan

Pour aller vite, utilisez de la purée de carotte surgelée que l'on trouve sous forme de galets en grandes surfaces.

Cake au miel et aux noix de pécan de Laurence

PRÉPARATION 15 MIN **I CUISSON** 50 MIN **I COÛT** ★ **I DIFFICULTÉ** ★

→ MERCI LAURENCE POUR CETTE SUPER RECETTE QUI MARCHE À TOUS LES COUPS : C'EST SIMPLE ET BON !

1 Préchauffez le four à 180 °C (th. 6). Beurrez un moule à cake. Faites fondre le beurre au micro-ondes. Dans un mortier, concassez grossièrement les noix de pécan. Dans un bol mélangez la farine avec la levure et le sel.

2 Dans un saladier, mélangez à l'aide d'un fouet le beurre fondu avec le sucre glace. Ajoutez successivement les œufs entiers puis le bol contenant la farine, en continuant de fouetter. Ajoutez le miel et les noix de pécan et mélangez à nouveau.

3 Versez la pâte dans le moule beurré et faites cuire au four 50 min environ. À la sortie du four, laissez reposer le cake 5 min avant de le démouler sur une grille. Servez tiède ou froid.

Les ingrédients pour 6 à 8 personnes

Pour la garniture

150 g de noix de pécan

Pour la base

170 g de beurre

200 g de farine

1 sachet de levure chimique

1 pincée de sel

180 g de sucre glace

4 œufs

6 cuil. à soupe de miel liquide

1 noisette de beurre pour le moule

Astuces_ • Si vous n'avez pas de mortier, enveloppez les noix de pécan dans un torchon et écrasez-les à l'aide d'un rouleau à pâtisserie ou d'un petit marteau. • Pour varier les plaisirs, vous pouvez préparer ce cake avec de la farine complète. • Faites aussi cette recette dans des moules individuels. Délicieux à l'heure du thé avec un filet de miel.

Pour varier_ **Cake mi-figue mi-raisin**. Remplacez les noix de pécan par 8 figues séchées coupées en petits morceaux et 1 poignée de raisins secs (que vous pouvez préalablement tremper dans 2 cuil. à soupe de rhum).

le truc de stéphan

Si vous avez le temps, passez les noix de pécan 10 min au four préchauffé à 180 °C (th. 6). De cette manière, elles seront encore plus parfumées.

Cake bi-goût choco-banane

PRÉPARATION 20 MIN | **CUISSON** 40 MIN | **COÛT** ★ | **DIFFICULTÉ** ★★

→ COMME TOUS LES GOÛTS SONT DANS LA NATURE, TESTEZ CETTE RECETTE DE CAKE « BI-GOÛT ». LE CONCEPT EST SIMPLE : EN UN CAKE, VOUS OBTIENDREZ DEUX PARFUMS DIFFÉRENTS, D'UN CÔTÉ 100 % CHOCO POUR LES PURISTES ET DE L'AUTRE CHOCO-BANANE POUR LES PLUS GOURMANDS... MAINTENANT QU'ON VOUS A DONNÉ LA RECETTE, IL NE VOUS RESTE PLUS QU'À CRÉER VOS PROPRES CAKES BI-GOÛTS !

1 Préchauffez le four à 180 °C (th. 6). Beurrez un moule à cake. Ramollissez le beurre quelques secondes au micro-ondes. Dans un bol, écrasez à la fourchette les bananes et la crème fraîche.

2 Dans un saladier, battez à l'aide d'un fouet le beurre mou, le sucre roux et le sucre vanillé. Faites fondre le chocolat au micro-ondes. À la sortie du four, lissez-le bien à l'aide d'une spatule. Ajoutez successivement dans le saladier les œufs entiers et le chocolat fondu. Mélangez bien.

3 Dans un autre saladier, mélangez la farine, la levure et le cacao. Versez ce mélange dans la pâte au chocolat. Mélangez bien jusqu'à l'obtention d'une pâte lisse. Puis séparez cette pâte dans deux récipients distincts et ajoutez dans l'un des deux la préparation à la banane avant de mélanger.

4 Déposez la pâte à la banane dans la moitié droite du moule et la pâte au chocolat dans la moitié gauche de façon à obtenir un cake bi-goût. Faites cuire au four 40 min environ. À la sortie du four, laissez reposer le cake 5 min avant de le démouler sur une grille. Servez-le une fois refroidi.

Les ingrédients pour 6 à 8 personnes

Pour la garniture

2 bananes

2 cuil. à soupe de crème fraîche

150 g de chocolat noir

2 cuil. à soupe de cacao en poudre

Pour la base

150 g de beurre

150 g de sucre roux

1 sachet de sucre vanillé

2 œufs

170 g de farine

½ sachet de levure chimique

1 noisette de beurre pour le moule

la botte secrète d'aude et leslie

Pour une version encore plus gourmande, rajoutez 1 poignée de pépites de chocolat à la préparation et servez ce cake encore tiède avec une boule de glace à la vanille ou à la banane.

Cake minute au yaourt

PRÉPARATION 5 MIN | **CUISSON** 40 MIN | **COÛT** ★ | **DIFFICULTÉ** ★

→ EN 5 MIN TOP CHRONO, VOUS PRÉPAREREZ UN CAKE INRATABLE À DÉGUSTER À TOUTE HEURE DE LA JOURNÉE ET NOTAMMENT AU PETIT DÉJEUNER. TARTINEZ-LE ALORS DE CONFITURE OU DE NUTELLA. LES PETITS COMME LES GRANDS N'EN FERONT QU'UNE BOUCHÉE.

1 Préchauffez le four à 180 °C (th. 6). Beurrez un moule à cake. Dans un saladier, déposez le yaourt puis rincez le pot et utilisez-le comme verre doseur pour la suite des ingrédients. Ajoutez successivement dans le saladier le sucre en poudre, le sucre vanillé, la farine, la levure, les œufs et l'huile. Mélangez bien entre chaque ingrédient, jusqu'à l'obtention d'une pâte lisse et onctueuse.

2 Versez la pâte dans le moule beurré et faites cuire au four 35 à 40 min. À la sortie du four, laissez reposer le cake 5 min avant de le démouler sur une grille. Servez à température ambiante.

Les ingrédients pour 4 à 6 personnes

1 pot de yaourt nature
1 + ½ pot de sucre en poudre
1 sachet de sucre vanillé
3 pots de farine
1 sachet de levure chimique
3 œufs
1 pot d'huile de tournesol
1 noisette de beurre pour le moule

Astuces_ • Pour varier les plaisirs, vous pouvez rajouter 1 cuil. à soupe de rhum ou 1 cuil. à café rase de vanille liquide. • Pour une présentation au top, utilisez des moules individuels. Dans ce cas-là, réduisez la cuisson de 15 à 25 min en fonction du diamètre de vos moules.

Pour varier_ **Cake minute à l'orange**. Prélevez le zeste d'une orange : pour cela, utilisez un zesteur ou à défaut la pointe d'un couteau et récupérez la fine écorce orange. Puis pressez l'orange afin d'obtenir l'équivalent de ½ pot de yaourt de jus d'orange. Ajoutez les zestes et le jus dans la pâte. Mélangez et faites cuire au four.

Cake minute au Nutella. Versez la moitié de la pâte dans le moule puis tartinez le tout d'une belle couche de Nutella avant de verser l'autre moitié de la pâte et de mettre au four.

Cake moelleux au citron

PRÉPARATION 20 MIN | **CUISSON** 40 MIN | **COÛT** ★ | **DIFFICULTÉ** ★

Les ingrédients pour 6 à 8 personnes

Pour la garniture

1 citron non traité

1 cuil. à soupe d'eau de fleur d'oranger

Pour la base

120 g de beurre

4 œufs

1 pincée de sel

200 g de farine

1 sachet de levure chimique

200 g de sucre glace

1 noisette de beurre pour le moule

1 Préchauffez le four à 180 °C (th. 6). Beurrez un moule à cake. Faites fondre le beurre au micro-ondes. Lavez bien le citron et récupérez le zeste en le râpant finement sur les petits trous d'une râpe. Puis pressez le citron et réservez le jus.

2 Cassez les œufs et séparez les blancs des jaunes. Mettez la pincée de sel dans les blancs et montez-les en neige à l'aide d'un batteur électrique. Dans un bol, mélangez la farine avec la levure. Dans un saladier, battez à l'aide d'un fouet les jaunes d'œufs avec le sucre glace. Ajoutez le zeste de citron, le jus du citron, l'eau de fleur d'oranger, la farine mélangée à la levure et le beurre fondu.

3 Ajoutez délicatement les blancs en neige. Mélangez sans les casser et versez la pâte dans le moule beurré. Faites cuire au four 40 min environ.
À la sortie du four, laissez reposer le cake 5 min avant de le démouler sur une grille. Servez-le une fois refroidi.

Astuces_ • Si vous aimez ce cake plus parfumé, n'hésitez pas à rajouter 1 cuil. à soupe d'eau de fleur d'oranger. • Si vous ne trouvez pas de citron non traité, passez votre citron quelques instants sous l'eau chaude en le brossant pour éliminer la couche de paraffine. • Pensez au citron vert, il apportera une délicieuse note acidulée à ce cake.

Pour varier_ **Cake aux agrumes**. Quand le cake est cuit et démoulé, coupez-le en deux horizontalement et tartinez la base avec une belle couche de marmelade d'orange. Puis reconstituez le cake et servez *illico presto*.

la botte secrète d'aude et leslie

Arrosez ce cake d'un sirop « maison » à l'orange. Pour cela, faites fondre dans une casserole à feu doux 15 morceaux de sucre avec le jus de 1 orange et de 1 citron vert.

Cake au chocolat blanc et aux noix de macadamia

PRÉPARATION 15 MIN | **CUISSON** 50 MIN | **COÛT** ★ | **DIFFICULTÉ** ★

1 Préchauffez le four à 180 °C (th. 6). Beurrez un moule à cake. Dans un bol, mélangez la farine avec la levure, la noix de coco râpée et la pincée de sel. Faites fondre le beurre au micro-ondes et laissez-le refroidir quelques instants. Dans un mortier, concassez les noix de macadamia.

2 Réalisez des pépites de chocolat blanc : pour cela, il suffit de former des éclats de chocolat blanc à l'aide d'un couteau. Dans un saladier, mélangez à l'aide d'un fouet le beurre fondu avec le sucre glace. Ajoutez successivement les œufs entiers puis le bol contenant la farine, en continuant de fouetter. Ajoutez délicatement les pépites de chocolat blanc et les noix de macadamia. Mélangez à nouveau jusqu'à l'obtention d'une pâte onctueuse.

3 Versez la pâte dans le moule beurré et faites cuire au four 50 min environ. À la sortie du four, laissez reposer le cake 5 min avant de le démouler sur une grille. Servez tiède ou froid.

Les ingrédients pour 6 à 8 personnes

Pour la garniture

100 g de noix de macadamia
150 g de chocolat blanc

Pour la base

200 g de farine
1 sachet de levure chimique
3 cuil. à soupe de noix de coco râpée
1 pincée de sel
200 g de beurre
200 g de sucre glace
4 œufs
1 noisette de beurre pour le moule

Astuce_ Si vous n'avez pas de mortier, enveloppez les noix de macadamia dans un torchon et écrasez-les à l'aide d'un rouleau à pâtisserie ou d'un petit marteau.

Pour varier_ **Cake aux trois chocolats**. Supprimez les noix de macadamia et prévoyez 75 g de chocolat noir, 75 g de chocolat au lait et 75 g de chocolat blanc que vous réduirez en pépites.

la botte secrète d'aude et leslie

Vous pouvez rajouter 2 cuil. à soupe de pralin dans la pâte. Cela apportera une petite note encore plus gourmande à ce cake.

le verre de vin qui va bien

Hum, pas de vin ici : servez ce cake aux enfants pour le goûter avec un bol de chocolat chaud.

Mini-cakes aux fruits rouges et à la cannelle

PRÉPARATION 15 MIN | **CUISSON** 25 MIN | **COÛT** ★ | **DIFFICULTÉ** ★ |

MATÉRIEL SPÉCIFIQUE MOULES À CAKE INDIVIDUELS

Les ingrédients pour 16 mini-cakes environ

Pour la garniture

- 125 g de fraises
- 125 g de framboises
- 1 belle poignée d'amandes effilées (facultatif)

Pour la base

- 150 g de beurre
- 120 g de farine
- 80 g de poudre d'amandes
- 1 sachet de levure chimique
- 3 œufs
- 120 g de sucre en poudre
- 1 sachet de sucre vanillé
- 1 cuil. à café de cannelle en poudre
- 1 belle noix de beurre pour les moules

1 Préchauffez le four à 160 °C (th. 5-6). Beurrez les moules à cake individuels. Faites fondre le beurre au micro-ondes. Lavez et équeutez les fraises puis coupez-les en morceaux. Rincez les framboises et séchez-les en les déposant sur du papier absorbant. Dans un bol, mélangez la farine avec la levure et la poudre d'amandes.

2 Dans un saladier, mélangez à l'aide d'un fouet les œufs entiers jusqu'à l'obtention d'un mélange mousseux. Ajoutez successivement le sucre en poudre, le sucre vanillé, la cannelle et le bol contenant la farine, en continuant de fouetter.

3 Ajoutez le beurre fondu, les fraises et les framboises. Mélangez à nouveau. Répartissez la pâte dans les moules beurrés, saupoudrez le tout d'amandes effilées et faites cuire au four 15 à 25 min environ (selon le diamètre de vos moules). À la sortie du four, laissez reposer les mini-cakes 5 min avant de les démouler sur une grille. Servez chaud, tiède ou froid.

Astuces_ • Votre cake est prêt quand la pointe d'un couteau enfoncée dans le centre du cake ressort sèche. • Utilisez de préférence des moules en silicone : vous n'aurez pas besoin de les beurrer et le démoulage se fera en un tour de main. • Pour cette recette, choisissez de préférence des fraises bien parfumées comme les fraises gariguette.

la botte secrète d'aude et leslie

Pour rendre vos fraises ultra-moelleuses, faites-les tremper dans 2 cuil. à soupe d'eau de fleur d'oranger avant de les égoutter et de les ajouter dans la pâte.

le truc de stéphan

Attention, doucement sur le mélange ! Ce cake est fragile : travaillez-le lentement.

Cake vanillé aux poires

PRÉPARATION 20 MIN | **CUISSON** 50 MIN | **COÛT** ★★ | **DIFFICULTÉ** ★

1 Préchauffez le four à 180 °C (th. 6). Beurrez un moule à cake. Faites fondre le beurre au micro-ondes et laissez-le refroidir quelques instants. Épluchez les poires et coupez-les en fines lamelles. Puis arrosez-les de jus de citron et farinez-les légèrement.

2 Fendez en deux la gousse de vanille dans le sens de la longueur et grattez l'intérieur avec la pointe d'un couteau. Mettez les petites graines noires dans un saladier. Ajoutez-y la farine avec la levure, le pralin, le sucre vanillé et la pincée de sel.

3 Dans un saladier, mélangez à l'aide d'un fouet le beurre fondu avec le sucre glace. Ajoutez successivement les œufs entiers puis le saladier contenant la farine, en continuant de fouetter. Ajoutez l'extrait de vanille liquide et les poires. Mélangez à nouveau jusqu'à l'obtention d'une pâte onctueuse.

4 Versez la pâte dans le moule beurré et faites cuire au four 50 min environ. À la sortie du four, laissez reposer le cake 5 min avant de le démouler sur une grille. Servez tiède ou froid.

Les ingrédients pour 6 personnes

Pour la garniture

4 poires
le jus de ½ citron
2 cuil. à soupe de farine pour les poires
½ gousse de vanille
1 cuil. à café d'extrait de vanille liquide

Pour la base

200 g de beurre
180 g de farine
1 sachet de levure chimique
3 cuil. à soupe de pralin
1 sachet de sucre vanillé
1 pincée de sel
200 g de sucre glace
4 œufs
1 noisette de beurre pour le moule

Astuces_ • Pour cette recette, choisissez des poires bien mûres qui rendront le cake encore plus fondant. • Pour une version à l'improviste, utilisez des poires au sirop. Dans ce cas, égouttez-les bien avant de les couper. • Si vous n'avez pas de pralin, remplacez-le par un mélange moitié sucre glace / moitié poudre d'amandes ou de noisettes légèrement dorée au four ou à la poêle.

Pour varier_ **Cake poire-choco**. Rajoutez 100 g de pépites de chocolat noir ou au lait en même temps que les poires.

Cake aux poires et aux dattes. Remplacez la vanille (gousse + extrait) par 1 à 2 cuil. à soupe d'eau de fleur d'oranger et rajoutez à la préparation 150 g de dattes dénoyautées et coupées en petits morceaux.

le truc de stéphan

Ajoutez à la pâte un petit verre d'alcool de poire juste avant de la verser dans le moule.

Cake aux fruits confits de Mamie

PRÉPARATION 10 MIN | **CUISSON** 55 MIN | **COÛT** ★★ | **DIFFICULTÉ** ★

→ UNE RECETTE QUI A BERCÉ L'ENFANCE D'AUDE... TOUT LE MONDE METTAIT LA MAIN À LA PÂTE ET CROYEZ-MOI SUR PAROLE, CE CAKE NE PASSAIT JAMAIS L'APRÈS-MIDI !

1 Préchauffez le four à 160 °C (th. 5-6). Beurrez un moule à cake. Faites tremper les raisins secs dans le rhum quelques instants. Faites fondre le beurre au micro-ondes. Dans un bol, mélangez la farine avec la levure et la poudre d'amandes.

2 Dans un saladier, mélangez à l'aide d'un fouet les œufs entiers jusqu'à l'obtention d'un mélange mousseux. Ajoutez successivement le sucre roux, le bol contenant la farine puis le beurre fondu, en continuant de fouetter.

3 Égouttez les raisins secs, farinez-les ainsi que les fruits confits puis ajoutez-les dans la pâte. Mélangez à nouveau. Versez la pâte dans le moule beurré, saupoudrez le tout d'amandes effilées et faites cuire au four 55 min environ. À la sortie du four, laissez reposer le cake 5 min avant de le démouler sur une grille. Laissez refroidir avant de servir.

Les ingrédients pour 6 à 8 personnes

Pour la garniture

1 poignée de raisins secs
2 cuil. à soupe de rhum (facultatif)
200 g de fruits confits mélangés
2 cuil. à soupe de farine pour les fruits
1 poignée d'amandes effilées (facultatif)

Pour la base

150 g de beurre
120 g de farine
1 sachet de levure chimique
80 g de poudre d'amandes
3 œufs
120 g de sucre roux
1 noisette de beurre pour le moule

Astuces_ • Pour varier les plaisirs, vous pouvez troquer la poudre d'amandes contre de la poudre de noisettes. • Conservez ce cake dans une boîte hermétique en fer, vous pourrez alors en profiter une semaine... • Pensez à couper les fruits confits en petits morceaux, ils seront ainsi plus légers et tiendront mieux dans la pâte.

la botte secrète d'aude et leslie

En bonnes fans de thé, il nous arrive aussi de faire tremper les raisins secs dans un thé au jasmin bien infusé (à la place du rhum). En plus, depuis qu'on sait que le thé au jasmin stimule les neurones, on ne s'en prive plus...

le truc de stéphan

Prenez le temps de trouver des « vrais » fruits confits achetés chez le pâtissier ou le confiseur plutôt que les mélanges tout prêts du commerce. Cela n'aura rien à voir...

Cake choco-amandes

PRÉPARATION 15 MIN | **CUISSON** 50 MIN | **COÛT** ★ | **DIFFICULTÉ** ★

Les ingrédients pour 6 personnes

Pour la garniture

75 g d'amandes entières non salées
200 g de chocolat noir
1 poignée d'amandes effilées

Pour la base

150 g de beurre
120 g de farine
1 sachet de levure chimique
80 g de poudre d'amandes
3 œufs
120 g de sucre roux
1 noisette de beurre pour le moule

1 Préchauffez le four à 160 °C (th. 5-6). Beurrez un moule à cake. Faites fondre le beurre au micro-ondes. Dans un bol, mélangez la farine avec la levure et la poudre d'amandes. Dans un mortier, concassez les amandes.

2 Dans un saladier, mélangez à l'aide d'un fouet les œufs entiers jusqu'à l'obtention d'un mélange mousseux. Ajoutez successivement le sucre roux et le bol contenant la farine, en continuant de fouetter.

3 Faites fondre le chocolat au micro-ondes. À la sortie du four, lissez-le bien à l'aide d'une spatule. Ajoutez dans la pâte le beurre fondu, le chocolat fondu et les amandes concassées et mélangez jusqu'à l'obtention d'une pâte onctueuse. Versez la pâte dans le moule beurré, saupoudrez le tout d'amandes effilées et faites cuire au four 50 min environ. À la sortie du four, laissez reposer le cake 5 min avant de le démouler sur une grille. Servez tiède ou froid.

Astuces_ • Vous pouvez rajouter 2 cuil. à soupe de cacao en poudre en même temps que le chocolat fondu... Votre cake obtiendra une belle couleur chocolat foncé. • Pour des goûters gourmands, préparez ce cake dans des mini-moules.

Pour varier_ **Cake choco-noisette**. Troquez la poudre d'amandes contre de la poudre de noisettes et les amandes entières contre des noisettes entières non salées.

la botte secrète d'aude et leslie

Deux façons de « customiser » ce cake 100 % choco : rajoutez au dernier moment dans la pâte soit quelques zestes d'orange confite coupés en petits morceaux, soit 1 barquette de framboises trempées dans du kirsch et égouttées.

le truc de stéphan

J'ai fait cette recette en remplaçant la poudre d'amandes par autant de pistaches décortiquées non salées finement hachées. À déguster évidemment avec une boule de glace à la pistache...

Cake crousti-moelleux aux pommes et aux noisettes

PRÉPARATION 20 MIN | **CUISSON** 50 MIN | **COÛT** ★ | **DIFFICULTÉ** ★

→ CE CAKE AUX ÉCLATS DE NOISETTES SE MARIERA À MERVEILLE AVEC UNE BELLE NOIX DE CRÈME FRAÎCHE, UN FILET DE CRÈME ANGLAISE OU TOUT SIMPLEMENT UNE BOULE DE GLACE À LA NOISETTE.

1 Préchauffez le four à 160 °C (th. 5-6). Beurrez un moule à cake. Épluchez les pommes et coupez-les en petits morceaux, puis farinez-les légèrement. Faites fondre le beurre au micro-ondes. Dans un bol, mélangez la farine avec la levure et la poudre de noisettes. Dans un mortier, concassez les noisettes.

2 Dans un saladier, mélangez à l'aide d'un fouet les œufs entiers jusqu'à l'obtention d'un mélange mousseux. Ajoutez successivement le sucre roux et le bol contenant la farine, en continuant de fouetter.

3 Ajoutez le beurre fondu, les pommes et les noisettes concassées et mélangez jusqu'à l'obtention d'une pâte onctueuse. Versez la pâte dans le moule beurré et faites cuire au four 50 min environ. À la sortie du four, laissez reposer le cake 5 min avant de le démouler sur une grille. Saupoudrez de sucre glace et servez tiède ou froid.

Les ingrédients pour 6 à 8 personnes

Pour la garniture
4 pommes
2 cuil. à soupe de farine pour les pommes
100 g de noisettes entières non salées
sucre glace pour la déco

Pour la base
150 g de beurre
120 g de farine
1 sachet de levure chimique
80 g de poudre de noisettes
3 œufs
120 g de sucre roux
1 noisette de beurre pour le moule

Astuces_ • Pour varier les plaisirs, testez cette recette avec 2 pommes et 2 poires.
• Si vous n'avez pas de mortier, enveloppez les noisettes dans un torchon et écrasez-les à l'aide d'un rouleau à pâtisserie ou d'un petit marteau.

Pour varier_ **Cake aux pommes et au citron**. Il suffit de rajouter dans la pâte l'équivalent de 2 cuil. à soupe de zestes de citron non traité et le jus de ½ citron.

la botte secrète d'aude et leslie

N'hésitez pas à rajouter 1 cuil. à café de calvados dans la pâte... De quoi réveiller vos papilles !

le truc de stéphan

Si vous avez le temps, faites sauter les pommes dans un peu de beurre.

Cake d'hiver aux épices

PRÉPARATION 20 MIN | **CUISSON** 50 MIN | **COÛT** ★ | **DIFFICULTÉ** ★

1 Préchauffez le four à 180 °C (th. 6). Beurrez un moule à cake. Coupez les abricots secs en petits morceaux. Faites tremper les raisins secs 4 à 5 min dans le rhum. Faites fondre le beurre au micro-ondes et laissez-le refroidir quelques instants. Dans un bol, mélangez les 200 g de farine avec la levure, la cannelle et l'anis.

2 Dans un saladier, mélangez bien à l'aide d'un fouet le beurre fondu avec le sucre glace. Ajoutez successivement les œufs entiers, la pincée de sel et le bol contenant la farine, en continuant de fouetter. Égouttez les raisins secs, farinez-les ainsi que les abricots puis ajoutez-les dans la pâte. Mélangez à nouveau.

3 Versez la pâte dans le moule beurré et faites cuire au four 50 min environ. À la sortie du four, laissez reposer le cake 5 min avant de le démouler sur une grille. Servez ce cake tiède ou froid, décoré d'anis étoilés.

Les ingrédients pour 6 à 8 personnes

Pour la garniture

200 g d'abricots secs
1 belle poignée de raisins secs
2 cuil. à soupe de rhum (facultatif)
1 cuil. à café de cannelle en poudre
1 cuil. à café de graines d'anis
2 cuil. à soupe de farine pour les fruits
4 anis étoilés (facultatif)

Pour la base

200 g de beurre
200 g de farine
1 sachet de levure chimique
200 g de sucre glace
4 œufs
1 pincée de sel
1 noisette de beurre pour le moule

Astuces_ • Conservez ce cake dans une boîte hermétique en fer, vous pourrez alors en profiter une semaine... • Pour d'autres saveurs, vous pouvez remplacer l'anis par la même quantité de mélange quatre-épices. • Si votre cake a tendance à trop dorer au cours de la cuisson, baissez la température du four à 160 °C (th. 5-6) et couvrez-le d'une feuille de papier d'aluminium.

le tuyau de laurence

Cette recette est l'occasion rêvée de faire cuire votre cake dans des petits moules individuels aux formes fantaisistes !

la botte secrète d'aude et leslie

L'anis et la réglisse ont toujours fait bon ménage... C'est ce qui nous a donné l'idée de rajouter 2 rouleaux de réglisse Haribo coupés en petits morceaux. Et croyez-nous, tester cette botte secrète, c'est l'adopter.

le verre de vin qui va bien

Servez ce cake délicieux avec un verre de rivesaltes frais.

Cake aphrodisiaque aux abricots

PRÉPARATION 25 MIN | **CUISSON** 50 MIN | **COÛT** ★ | **DIFFICULTÉ** ★★

→ TRUFFÉ DE GINGEMBRE, CE CAKE AURAIT DES VERTUS APHRODISIAQUES... À CONSOMMER SANS MODÉRATION, LORS DE VOS DÎNERS EN TÊTE-À-TÊTE !

1 Préchauffez le four à 180 °C (th. 6). Beurrez un moule à cake. Coupez les abricots en petits morceaux. Dans une casserole à feu doux, faites chauffer 15 cl d'eau avec les 70 g de sucre en poudre. Ajoutez les abricots et faites-les cuire 15 min environ. Remuez régulièrement.

2 Pendant ce temps, coupez le gingembre confit en petits morceaux. Faites fondre le beurre au micro-ondes et laissez-le refroidir quelques instants. Dans un bol, mélangez la farine avec la levure et le gingembre en poudre.

3 Dans un saladier, mélangez à l'aide d'un fouet le beurre fondu avec le sucre glace. Ajoutez successivement les œufs entiers, la pincée de sel puis le bol contenant la farine, en continuant de fouetter. Quand les abricots sont cuits, égouttez-les et farinez-les ainsi que le gingembre confit. Puis ajoutez dans la pâte et mélangez à nouveau.

4 Versez la pâte dans le moule beurré et faites cuire au four 50 min environ. À la sortie du four, laissez reposer le cake 5 min avant de le démouler sur une grille. Servez chaud avec une boule de glace au gingembre par exemple.

Les ingrédients pour 6 à 8 personnes

Pour la garniture

10 abricots
15 cl d'eau
70 g de sucre en poudre
50 g de gingembre confit
2 cuil. à soupe de farine pour la garniture

Pour la base

200 g de beurre
200 g de farine
1 sachet de levure chimique
1 cuil. à café de gingembre en poudre (facultatif)
200 g de sucre glace
4 œufs
1 pincée de sel
1 noisette de beurre pour le moule

le truc de stéphan

Pour une saveur encore plus fraîche, ajoutez 1 cuil. à café de gingembre frais haché.

le tuyau de laurence

Pour embellir le tout, concassez des pistaches vertes et saupoudrez-en la surface du cake quand celui-ci commence à peine à prendre.

Soufflé aux 3 fromages de notre enfance

PRÉPARATION 20 MIN | **CUISSON** 40 MIN | **COÛT** ★ | **DIFFICULTÉ** ★★

→ VOICI UNE RECETTE DONT LES ENFANTS RAFFOLENT. À DÉGUSTER EN FAMILLE LE DIMANCHE SOIR...

1 Préchauffez le four à 200 °C (th. 6-7). Beurrez généreusement un moule à soufflé. Cassez les œufs, séparez les blancs des jaunes et mettez 5 jaunes dans un bol et 6 blancs dans un saladier avec une pincée de sel.

2 Dans une grande casserole, portez à ébullition la crème liquide avec la fécule (2 à 3 min environ). Mélangez sans cesse à feu doux à l'aide d'un fouet jusqu'à l'obtention d'une pâte épaisse. Hors du feu, ajoutez le beurre en morceaux. Mélangez à nouveau.

3 Ajoutez les 5 jaunes d'œufs un à un dans la casserole. Mélangez bien. Puis ajoutez les fromages râpés et la noix de muscade. Salez et poivrez. Mélangez à nouveau.

4 Montez les blancs en neige bien ferme et ajoutez-les en deux fois dans la casserole en mélangeant très délicatement sans les casser. Versez la préparation dans le moule. Faites cuire au four 40 min environ. Servez *illico presto*.

Les ingrédients pour 6 personnes

- 6 œufs (5 entiers + 1 blanc)
- 35 cl de crème liquide
- 3 cuil. à soupe de fécule de pomme de terre
- 25 g de beurre
- 80 g de beaufort râpé
- 80 g de comté râpé
- 70 g de parmesan râpé
- 4 pincées de noix de muscade en poudre
- 1 belle noix de beurre pour le moule
- sel et poivre

Astuce_ N'ouvrez pas le four en cours de cuisson, le soufflé retomberait.

la botte secrète d'aude et leslie

N'hésitez pas à rajouter quelques pincées de cumin dans la préparation pour apporter une petite touche épicée.

le truc de stéphan

Saviez-vous que les substances naturelles qui donnent aux fromages tout leur goût se comptent par centaines ? Ici, c'est le parmesan qui sera le plus marquant ; choisissez-le donc de très bonne qualité.

MADE IN
FRANC

Soufflé jambon fromage

PRÉPARATION 15 MIN | **CUISSON** 40 MIN | **COÛT** ★ | **DIFFICULTÉ** ★★

1 Préchauffez le four à 180 °C (th. 6). Beurrez généreusement un moule à soufflé et parsemez le fond et les parois de 2 cuil. à soupe de gruyère râpé. Dégraissez le jambon et hachez-le finement à l'aide d'un couteau. Cassez les œufs, séparez les blancs des jaunes et déposez les jaunes dans un bol et les blancs dans un saladier avec une pincée de sel.

2 Dans une casserole, faites fondre le beurre à feu doux. Ajoutez la farine et mélangez sans cesse avec une cuillère en bois. Versez le lait et faites cuire le tout sans cesser de remuer jusqu'à ce que la béchamel épaississe (4 min environ).

3 Hors du feu, ajoutez les jaunes d'œufs un à un, puis le gruyère râpé, le jambon haché et la ciboulette. Salez et poivrez. Montez les blancs en neige bien ferme et ajoutez-les en deux fois dans la casserole en mélangeant très délicatement sans les casser. Versez la préparation dans le moule. Faites cuire au four 35 à 40 min environ. Servez *illico presto*.

Les ingrédients pour 6 personnes

130 g de jambon blanc
5 œufs
40 g de beurre
40 g de farine
40 cl de lait
100 g de gruyère râpé
2 cuil. à soupe de ciboulette coupée (facultatif)
2 cuil. à soupe de gruyère râpé pour le moule
1 noix de beurre pour le moule
sel et poivre

Astuces_ • N'ouvrez pas le four en cours de cuisson, le soufflé retomberait. • Si vous n'avez pas de gruyère râpé, testez cette recette avec du beaufort, du comté ou de l'emmental. • Pour d'autres saveurs, remplacez la ciboulette par de l'estragon ou du persil finement coupés. • La clé de la réussite ? N'arrêtez pas de mélanger tout au long de la préparation de la béchamel pour éviter la formation de grumeaux.

Pour varier_ **Soufflé au fromage tout simple**. Supprimez le jambon blanc et la ciboulette et prévoyez dans ce cas 200 g de gruyère râpé.

la botte secrète d'aude et leslie

Rajoutez quelques olives vertes coupées en tout petits morceaux au même moment que le jambon. Un délice !

le verre de vin qui va bien

Blancs et rouges accompagnent bien cette recette. Prenez un chinon par exemple ou un beaujolais-villages si vous préférez.

recettepourépater…

Mini-soufflés au foie gras

PRÉPARATION 20 MIN | **CUISSON** 20 MIN | **COÛT** ★★★ | **DIFFICULTÉ** ★★ |

MATÉRIELS SPÉCIFIQUES 8 RAMEQUINS

→ DÉGUSTEZ DE TOUTE URGENCE CES MINI-SOUFFLÉS ACCOMPAGNÉS D'UNE SALADE DE HARICOTS VERTS CROQUANTS… ET ARROSEZ LE TOUT D'UN PETIT VERRE DE SAUTERNES !

1 Préchauffez le four à 180 °C (th. 6). Beurrez généreusement les ramequins. Coupez le foie gras en tout petits dés. Cassez les œufs, séparez les blancs des jaunes et déposez les jaunes dans un bol et les blancs dans un saladier avec une pincée de sel.

2 Dans une casserole, faites fondre le beurre à feu doux. Ajoutez la farine et mélangez sans cesse à l'aide d'un fouet. Versez le lait et faites cuire le tout sans cesser de remuer jusqu'à ce que la béchamel épaississe (2 min environ). Salez et poivrez. Mélangez à nouveau et laissez refroidir quelques instants hors du feu.

3 Ajoutez les jaunes d'œufs un à un, le foie gras et le cognac en mélangeant sans cesse jusqu'à ce que le foie gras soit bien fondu.

4 Montez les blancs en neige bien ferme et ajoutez-les en deux fois dans la casserole en mélangeant très délicatement sans les casser. Versez la préparation dans les ramequins. Faites cuire au four 15 à 20 min environ, jusqu'à ce que le dessus des soufflés commence à dorer. Servez *illico presto*.

Les ingrédients pour 8 personnes

4 petites tranches de foie gras de canard (220 g environ)
4 œufs
25 g de beurre
25 g de farine
20 cl de lait
1 cuil. à soupe de cognac
1 belle noix de beurre pour les ramequins
sel et poivre

Astuces_ • Pour éviter que vos soufflés ne débordent, remplissez les ramequins aux 3/4 seulement. • N'ouvrez pas le four en cours de cuisson, les soufflés retomberaient. • Pour les plus téméraires, versez 1 cuil. à soupe de cognac supplémentaire.

le verre de vin qui va bien

Si vous voulez changer du sauternes, proposez un verre de menetou-salon, récolté et vinifié en vendanges tardives.

Mini-soufflés au chèvre et aux fines herbes

PRÉPARATION 20 MIN | **CUISSON** 20 MIN | **COÛT** ★ | **DIFFICULTÉ** ★ |
MATÉRIEL SPÉCIFIQUE 6 RAMEQUINS

→ SERVEZ CES PETITS SOUFFLÉS EN ENTRÉE, ACCOMPAGNÉS D'UNE BELLE SALADE D'HERBES. AUSSI DÉLICIEUX QUE RAFRAÎCHISSANT...

1 Préchauffez le four à 160 °C (th. 5-6). Cassez les œufs, séparez les blancs des jaunes et déposez les 2 jaunes dans un bol et les 3 blancs dans un saladier avec une pincée de sel.

2 Dans un saladier, mélangez à l'aide d'une fourchette le yaourt, les jaunes d'œufs, le basilic et le persil, ainsi que le chèvre frais. Salez et poivrez.

3 Montez les blancs en neige bien ferme et ajoutez-les en deux fois dans la préparation au chèvre en mélangeant très délicatement sans les casser. Répartissez le mélange dans les ramequins. Faites cuire au four 20 min environ. Terminez la cuisson par 2 min sous le gril du four. Servez *illico presto*.

Les ingrédients pour 6 personnes

3 œufs (2 entiers + 1 blanc)
100 g de yaourt nature crémeux
1 cuil. à soupe de basilic coupé
1 cuil. à soupe de persil coupé
100 g de chèvre frais (type Chavroux)
sel et poivre

Astuce_ Pensez à varier les fines herbes – estragon, menthe ou persil plat – en fonction de vos envies et de ce que vous trouvez sur le marché.

le truc de stéphan

Si vous voulez accentuer la saveur « chèvre » de ce soufflé, ajoutez dans la pâte un cabécou bien fait.

le tuyau de laurence

Perso, mon herbe préférée pour ce soufflé, c'est la menthe !

le verre de vin qui va bien

Servez une bouteille de fitou. Ce vin de caractère rivalisera très bien avec les saveurs marquées du fromage de chèvre.

Soufflé au saumon et à l'aneth

PRÉPARATION 15 MIN | **CUISSON** 40 MIN | **COÛT** ★ | **DIFFICULTÉ** ★★

Les ingrédients pour 4 personnes

- 200 g de saumon fumé
- le jus de ½ citron
- 5 œufs
- 40 g de beurre
- 40 g de farine
- 40 cl de lait
- 3 cuil. à soupe d'aneth coupée
- 1 noix de beurre pour le moule
- sel et poivre

1 Préchauffez le four à 180 °C (th. 6). Beurrez généreusement un moule à soufflé. Hachez finement le saumon. Arrosez-le de jus de citron. Cassez les œufs, séparez les blancs des jaunes et déposez les jaunes dans un bol et les blancs dans un saladier avec une pincée de sel.

2 Dans une casserole, faites fondre le beurre à feu doux. Ajoutez la farine et mélangez sans cesse avec une cuillère en bois. Versez le lait et faites cuire le tout sans cesser de remuer jusqu'à ce que la béchamel épaississe (4 min environ).

3 Hors du feu, ajoutez les jaunes d'œufs un à un, puis le saumon et l'aneth. Salez et poivrez. Montez les blancs en neige bien ferme et ajoutez-les en deux fois dans la casserole en mélangeant très délicatement sans les casser. Versez la préparation dans le moule. Faites cuire au four 35 à 40 min environ. Servez *illico presto*.

Astuces_ • N'ouvrez pas le four en cours de cuisson, le soufflé retomberait.
• La clé de la réussite ? N'arrêtez pas de mélanger tout au long de la préparation de la béchamel pour éviter la formation de grumeaux.

la botte secrète d'aude et leslie

Déposez 1 cuil. à soupe bombée d'œufs de saumon au centre du soufflé juste avant de servir ou encore une lamelle de saumon fumé.

Mini-soufflés *light* au concombre et à la menthe

PRÉPARATION 15 MIN | **REPOS** 3 H | **CUISSON** 20 MIN | **COÛT** ★ | **DIFFICULTÉ** ★ |
MATÉRIEL SPÉCIFIQUE 8 RAMEQUINS

→ UNE RECETTE PARFAITE POUR SE FAIRE PLAISIR SANS PRENDRE UN GRAMME. NOS COPINES EN RAFFOLENT ET NOUS AUSSI !

1 Lavez le concombre et enlevez une bande de peau sur deux à l'aide d'un couteau économe. Coupez-le en fines rondelles et déposez-les dans une passoire. Laissez dégorger 3 h environ avec le gros sel.

2 À la fin du temps de repos, préchauffez le four à 210 °C (th. 7). Cassez les œufs, séparez les blancs des jaunes et déposez les 2 jaunes dans un bol et les 3 blancs dans un saladier avec une pincée de sel.

3 Passez au mixeur le concombre, le yaourt et la menthe. Salez et poivrez. Mixez à nouveau puis versez cette préparation dans un saladier. Ajoutez-y successivement les jaunes d'œufs et le chèvre frais coupé en morceaux. Mélangez bien à l'aide d'une fourchette.

4 Montez les blancs en neige bien ferme et ajoutez-les en deux fois dans la préparation au concombre en mélangeant très délicatement sans les casser. Répartissez le mélange dans les ramequins. Faites cuire au four 20 min environ. Terminez la cuisson par 2 min sous le gril du four pour que vos mini-soufflés soient bien dorés. Servez *illico presto*.

Astuce_ Pour un résultat au top, il est indispensable de faire dégorger le concombre 3 h minimum et de cuire ces mini-soufflés suffisamment longtemps pour éviter que les concombres ne rendent trop d'eau.

Les ingrédients pour 8 personnes

1 concombre
1 cuil. à café de gros sel
3 œufs (2 entiers + 1 blanc)
100 g de yaourt nature crémeux
3 cuil. à soupe de menthe coupée
100 g de chèvre frais *light* (type Chavroux)
1 filet d'huile pour les ramequins
sel et poivre

la botte secrète d'aude et leslie

Pour une version plus gourmande, ajoutez ½ boîte de thon dans le mixeur.

Soufflé épicé au crabe

PRÉPARATION 20 MIN | **CUISSON** 30 MIN | **COÛT** ★ | **DIFFICULTÉ** ★★

1 Préchauffez le four à 200 °C (th. 6-7). Beurrez généreusement un moule à soufflé. Égouttez le crabe et émiettez-le. Cassez les œufs, séparez les blancs des jaunes et déposez les 5 jaunes dans un bol et les 7 blancs dans un saladier avec une pincée de sel.

2 Dans une casserole, faites fondre le beurre à feu doux. Ajoutez la farine et mélangez sans cesse avec une cuillère en bois. Versez le lait et faites cuire le tout sans cesser de remuer jusqu'à ce que la béchamel épaississe (4 min environ).

3 Hors du feu, ajoutez les jaunes d'œufs un à un, la sauce tomate et le piment de Cayenne. Salez et poivrez. Montez les blancs en neige bien ferme et ajoutez-les en deux fois dans la casserole en mélangeant très délicatement sans les casser. Ajoutez le crabe et mélangez légèrement. Versez la préparation dans le moule et faites cuire au four 30 min environ. Servez *illico presto*.

Les ingrédients pour 4 personnes

200 g de chair de crabe en conserve
7 œufs (5 entiers + 2 blancs)
45 g de beurre
45 g de farine
30 cl de lait
10 cl de sauce tomate
4 pincées de piment de Cayenne
1 noix de beurre pour le moule
sel et poivre

Astuce_ Pour varier les plaisirs, remplacez la sauce tomate par de la sauce aux poivrons.

la botte secrète d'aude et leslie

Pour des notes encore plus épicées, troquez le piment de Cayenne contre 1 cuil. à café bombée de purée de piment.

le truc de stéphan

Si vous avez le temps, remplacez la boîte de crabe par autant de chair de tourteau décortiquée. Un délice...

le tuyau de laurence

Si vous voulez que votre soufflé monte bien, ne touchez plus l'intérieur du moule après l'avoir beurré : une trace de doigt pourrait le stopper dans sa montée !

Soufflé au roquefort et aux petits lardons

PRÉPARATION 15 MIN | **CUISSON** 40 MIN | **COÛT** ★ | **DIFFICULTÉ** ★★

Les ingrédients pour 4 personnes

50 g de lardons allumettes

150 g de roquefort

5 œufs

40 g de beurre

40 g de farine

40 cl de lait

2 cuil. à soupe de ciboulette coupée

2 pincées de noix de muscade

1 noix de beurre pour le moule

sel et poivre

1 Préchauffez le four à 180 °C (th. 6). Beurrez généreusement un moule à soufflé. Coupez finement les lardons et faites-les revenir 4 à 5 min dans une poêle sans matière grasse. Déposez-les ensuite dans une assiette sur du papier absorbant.

2 Coupez le roquefort en petits morceaux. Cassez les œufs, séparez les blancs des jaunes et déposez les jaunes dans un bol et les blancs dans un saladier avec une pincée de sel.

3 Dans une casserole, faites fondre le beurre à feu doux. Ajoutez la farine et mélangez sans cesse avec une cuillère en bois. Versez le lait et faites cuire le tout sans cesser de remuer jusqu'à ce que la béchamel épaississe (4 min environ).

4 Hors du feu, ajoutez les jaunes d'œufs un à un, puis le roquefort, les lardons et la ciboulette. Salez et poivrez. Montez les blancs en neige bien ferme et ajoutez-les en deux fois dans la casserole en mélangeant très délicatement sans les casser. Versez la préparation dans le moule. Faites cuire au four 35 à 40 min environ. Servez *illico presto*.

Astuces_ • N'ouvrez pas le four en cours de cuisson, le soufflé retomberait.
• Vous pouvez remplacer le roquefort par du gorgonzola.

la botte secrète d'aude et leslie

Pour un petit plus déco, déposez quelques cerneaux de noix sur votre soufflé juste avant de servir.

le verre de vin qui va bien

Pour tenir tête aux saveurs pointues du roquefort et des lardons, servez un verre de côtes-du-frontonnais, excellent petit vin qui réserve d'agréables surprises.

Petits soufflés champignons parmesan

PRÉPARATION 20 MIN | **CUISSON** 20 MIN | **COÛT** ★ | **DIFFICULTÉ** ★★ |

MATÉRIEL SPÉCIFIQUE 8 RAMEQUINS

Les ingrédients pour 8 personnes

- 1 échalote
- 250 g de champignons de Paris
- 2 cuil. à soupe de crème fraîche
- 25 g de beurre
- 25 g de farine
- 20 cl de lait
- 4 œufs
- 4 cuil. à soupe de parmesan râpé
- 1 filet d'huile d'olive pour la poêle
- 1 belle noix de beurre pour les ramequins
- sel et poivre

1 Préchauffez le four à 180 °C (th. 6). Beurrez généreusement 8 ramequins. Épluchez l'échalote et coupez-la finement. Coupez le bout terreux des pieds des champignons, lavez les têtes et séchez-les en les posant délicatement sur du papier absorbant, puis coupez-les en lamelles.

2 Dans une poêle antiadhésive, faites chauffer l'huile. Ajoutez l'échalote et faites-la revenir 2 à 3 min. Ajoutez ensuite les champignons. Laissez-les cuire 3 à 4 min environ. Versez la crème fraîche. Salez, poivrez et mélangez bien. Puis passez au mixeur le contenu de la poêle.

3 Dans une casserole, faites fondre le beurre à feu doux. Ajoutez la farine et mélangez sans cesse à l'aide d'un fouet. Versez le lait et faites cuire le tout sans cesser de remuer jusqu'à ce que la béchamel épaississe (2 min environ). Mélangez à nouveau et laissez refroidir quelques instants hors du feu.

4 Préchauffez le four à 200 °C (th. 6-7). Cassez les œufs, séparez les blancs des jaunes et déposez les jaunes dans un bol et les blancs dans un saladier avec une pincée de sel. Ajoutez dans la béchamel les jaunes d'œufs un à un, la purée de champignons et le parmesan en mélangeant bien jusqu'à l'obtention d'une préparation onctueuse.

5 Montez les blancs en neige bien ferme et ajoutez-les en deux fois dans la casserole en mélangeant très délicatement sans les casser. Versez la préparation dans les ramequins. Faites cuire au four 20 min environ, jusqu'à ce que le dessus des soufflés commence à dorer. Servez *illico presto*.

Astuces_ • Pour éviter que vos soufflés ne débordent, remplissez les ramequins aux 3/4 seulement. • Pour rendre vos mini-soufflés bien dorés, terminez la cuisson en les passant 2 min sous le gril du four.

le verre de vin qui va bien

Servez un cahors rouge, toujours très agréable avec les saveurs du parmesan.

Soufflé crémeux aux brocolis et au gorgonzola

PRÉPARATION 25 MIN | **CUISSON** 30 MIN | **COÛT** ★ | **DIFFICULTÉ** ★★

→ VOICI UN SOUFFLÉ ORIGINAL QUE NOS COPAINS ADORENT... NOUS LE CUISINONS AUSSI AVEC DU CHOU-FLEUR. À VOTRE TOUR DE LE SERVIR À VOS GRANDES TABLÉES.

1 Préchauffez le four à 180 °C (th. 6). Dans une casserole d'eau bouillante salée, faites cuire les brocolis comme indiqué sur le paquet (10 min environ).

2 Pendant ce temps, beurrez généreusement un moule à soufflé. Coupez le gorgonzola en petits morceaux puis écrasez-le grossièrement à l'aide d'une fourchette. Cassez les œufs, séparez les blancs des jaunes et déposez les 4 jaunes dans un bol et les 5 blancs dans un saladier avec une pincée de sel. Une fois le brocolis cuit, égouttez-le bien et passez-le au moulin à légumes.

3 Dans une grande casserole, faites fondre le beurre à feu doux. Ajoutez la farine et mélangez sans cesse à l'aide d'un fouet. Versez le lait et faites cuire le tout sans cesser de remuer jusqu'à ce que la béchamel épaississe (3 min environ). Salez et poivrez. Mélangez à nouveau et laissez refroidir quelques instants hors du feu.

4 Préchauffez le four à 200 °C (th. 6-7). Ajoutez dans la casserole les jaunes d'œufs un à un, le gorgonzola et la purée de brocolis en mélangeant bien.

5 Montez les blancs en neige bien ferme et ajoutez-les en deux fois dans la casserole en mélangeant très délicatement sans les casser. Versez la préparation dans le moule. Faites cuire au four 30 min environ. Servez *illico presto*.

Les ingrédients pour 4 personnes

300 g de fleurettes de brocolis surgelées
150 g de gorgonzola
5 œufs (4 entiers + 1 blanc)
30 g de beurre
30 g de farine
20 cl de lait
1 noix de beurre pour le moule
sel et poivre

Astuces_ • N'ouvrez pas le four en cours de cuisson, le soufflé retomberait. • Si vous n'avez pas de moulin à légumes, vous pouvez écraser les brocolis à la fourchette ou utiliser un mixeur. • Votre soufflé est prêt quand les bords ont pris mais que le cœur reste encore légèrement crémeux.

Soufflé à la feta et à la tapenade d'olives noires

PRÉPARATION 15 MIN | **CUISSON** 40 MIN | **COÛT** ★ | **DIFFICULTÉ** ★★

Les ingrédients pour 4 personnes

- 200 g de feta
- 5 œufs
- 40 g de beurre
- 40 g de farine
- 40 cl de lait
- 3 cuil. à café de tapenade d'olives noires
- 1 cuil. à café de thym
- 1 noix de beurre pour le moule
- sel et poivre

1 Préchauffez le four à 180 °C (th. 6). Beurrez généreusement un moule à soufflé. Émiettez la feta à l'aide d'une fourchette. Cassez les œufs, séparez les blancs des jaunes et déposez les jaunes dans un bol et les blancs dans un saladier avec une pincée de sel.

2 Dans une casserole, faites fondre le beurre à feu doux. Ajoutez la farine et mélangez sans cesse avec une cuillère en bois. Versez le lait et faites cuire le tout sans cesser de remuer jusqu'à ce que la béchamel épaississe (4 min environ).

3 Hors du feu, ajoutez les jaunes d'œufs un à un, puis la feta, la tapenade et le thym. Salez légèrement et poivrez généreusement. Montez les blancs en neige bien ferme et ajoutez-les en deux fois dans la casserole en mélangeant très délicatement sans les casser. Versez la préparation dans le moule. Faites cuire au four 35 à 40 min environ. Servez *illico presto*.

Astuces_ • N'ouvrez pas le four en cours de cuisson, le soufflé retomberait. • La clé de la réussite ? N'arrêtez pas de mélanger tout au long de la préparation de la béchamel pour éviter la formation de grumeaux. • Pour parfumer davantage votre soufflé, n'hésitez pas à augmenter les doses de tapenade et de thym.

la botte secrète d'aude et leslie

Pour une petite touche déco, déposez deux filets d'anchois en croix au centre du soufflé à la sortie du four.

le verre de vin qui va bien

Avec cette recette délicieuse, découvrez un vin pas assez connu : le fronsac. Produit près de Libourne, il se trouve facilement chez les bons cavistes.

Mini-soufflés tout chocolat

PRÉPARATION 20 MIN | **CUISSON** 40 MIN | **COÛT** ★ | **DIFFICULTÉ** ★★ |
MATÉRIEL SPÉCIFIQUE 8 RAMEQUINS

→ POUR JOUER SUR UN CONTRASTE CHAUD-FROID, SERVEZ VOS SOUFFLÉS ACCOMPAGNÉS D'UNE BOULE DE GLACE À LA VANILLE OU AU CARAMEL.

1 Beurrez généreusement 8 ramequins et saupoudrez-les avec les 2 cuil. à soupe de sucre. Cassez les œufs, séparez les blancs des jaunes et déposez les jaunes dans un bol et les blancs dans un saladier avec la pincée de sel.

2 Dans un autre saladier, battez à l'aide d'un fouet les jaunes d'œufs avec le sucre jusqu'à ce que le mélange blanchisse. Ajoutez le Cointreau et le cacao en poudre. Fouettez à nouveau.

3 Préchauffez le four à 170 °C (th. 5-6). Dans un bol, battez à l'aide d'un fouet la crème liquide. Montez les blancs en neige bien ferme. Puis ajoutez-y le sucre vanillé et fouettez à nouveau.

4 Ajoutez délicatement la moitié des blancs en neige dans les jaunes d'œufs. Mélangez sans les casser. Faites fondre le chocolat dans une casserole au bain-marie. Puis ajoutez le chocolat fondu, la crème liquide battue et l'autre moitié des blancs en neige. Mélangez à nouveau.

5 Versez la préparation dans les ramequins et faites cuire au four au bain-marie 40 min. Pour cela, il suffit de placer les ramequins dans un grand plat à gratin rempli d'un fond d'eau chaude.

Les ingrédients pour 8 personnes

- 3 œufs
- 1 pincée de sel
- 80 g de sucre en poudre
- 2 cuil. à soupe de Cointreau (facultatif)
- 1 cuil. à café de cacao en poudre
- 15 cl de crème liquide
- 1 sachet de sucre vanillé
- 200 g de chocolat noir
- 2 cuil. à soupe de sucre en poudre pour les ramequins
- 1 noix de beurre pour les ramequins

Astuces_ • Pour ne pas fausser le temps de cuisson du bain-marie, versez de l'eau très chaude dans le plat avant de glisser les ramequins dans le four. Veillez à ce que votre bain-marie frémisse mais ne bout pas. • Pour aller plus vite, faites cuire vos soufflés 10 min dans un four préchauffé à 200 °C (th. 6-7). Dans ce cas-là, il n'y a pas besoin de bain-marie.

la botte secrète d'aude et leslie

Rajoutez quelques noisettes concassées non salées dans la préparation avant de la verser dans les ramequins.

Mini-soufflés chocolat blanc et noix de pécan

PRÉPARATION 20 MIN | **CUISSON** 40 MIN | **COÛT** ★★ | **DIFFICULTÉ** ★★ |

MATÉRIEL SPÉCIFIQUE 8 RAMEQUINS

1 Beurrez généreusement 8 ramequins et saupoudrez-les avec les 2 cuil. à soupe de sucre. Cassez les œufs, séparez les blancs des jaunes et déposez les jaunes dans un bol et les blancs dans un saladier avec la pincée de sel.

2 Concassez grossièrement les noix de pécan dans un mortier (ou coupez-les en petits morceaux à l'aide d'un couteau). Dans un autre saladier, battez à l'aide d'un fouet les jaunes d'œufs avec le sucre jusqu'à ce que le mélange blanchisse.

3 Préchauffez le four à 170 °C (th. 5-6). Dans un bol, battez à l'aide d'un fouet la crème liquide. Montez les blancs en neige bien ferme ; ajoutez-y le sucre vanillé et fouettez à nouveau.

4 Ajoutez délicatement la moitié des blancs en neige dans les jaunes d'œufs. Mélangez sans les casser. Faites fondre le chocolat blanc dans une casserole au bain-marie. Puis ajoutez le chocolat fondu, la crème liquide battue et l'autre moitié des blancs en neige. Mélangez à nouveau délicatement.

5 Versez la préparation dans les ramequins et faites cuire au four au bain-marie 40 min. Pour cela, il suffit de placer les ramequins dans un grand plat à gratin rempli d'un fond d'eau chaude. À la sortie du four, parsemez chaque mini-soufflé de quelques noix de pécan concassées. Servez *illico presto*.

Les ingrédients pour 8 personnes

3 œufs
1 pincée de sel
75 g de noix de pécan
80 g de sucre en poudre
15 cl de crème liquide
1 sachet de sucre vanillé
200 g de chocolat blanc
2 cuil. à soupe de sucre en poudre pour les ramequins
1 belle noix de beurre pour les ramequins

Astuces_ • Pour ne pas fausser le temps de cuisson du bain-marie, versez de l'eau très chaude dans le plat avant de glisser les ramequins dans le four. Veillez à ce que votre bain-marie frémisse mais ne bout pas. • Pour aller plus vite, faites cuire vos soufflés 10 min dans un four préchauffé à 200 °C (th. 6-7). Dans ce cas-là, il n'y a pas besoin de bain-marie.

la botte secrète d'aude et leslie

Ajoutez quelques gouttes d'amaretto ou même de pineau dans la pâte à soufflé. Mmm !

Soufflé au Nutella, le petit faible de Stéphan

PRÉPARATION 20 MIN **I CUISSON** 30 MIN **I COÛT** ★ **I DIFFICULTÉ** ★

1 Préchauffez le four à 200 °C (th. 6-7). Beurrez généreusement un moule à soufflé. Cassez les œufs, séparez les blancs des jaunes et déposez les 3 jaunes dans un saladier et les 4 blancs dans un autre saladier avec la pincée de sel.

2 Dans une casserole, portez à ébullition le lait avec le quart de gousse de vanille fendue en deux. Dans le saladier avec les jaunes d'œufs, ajoutez le sucre et battez à l'aide d'un fouet jusqu'à ce que le mélange blanchisse. Ajoutez la farine et mélangez bien. Ôtez la gousse de vanille de la casserole et versez le lait bouillant sur la préparation. Mélangez à nouveau et reversez le tout dans la casserole.

3 Portez à ébullition sans cesser de remuer jusqu'à ce que la préparation épaississe. Retirez du feu, ajoutez le Nutella et mélangez bien. Laissez refroidir la préparation quelques instants.

4 Pendant ce temps, montez les blancs en neige bien ferme. Ajoutez-y ensuite le sucre vanillé et fouettez à nouveau. Ajoutez les blancs en neige en deux fois dans la casserole en mélangeant très délicatement sans les casser. Versez la préparation dans le moule. Faites cuire au four 25 à 30 min environ. Saupoudrez de sucre glace et servez *illico presto*.

Les ingrédients pour 4 personnes

4 œufs (3 entiers + 1 blanc)
1 pincée de sel
20 cl de lait
¼ de gousse de vanille
30 g de sucre en poudre
20 g de farine
270 g de Nutella
1 sachet de sucre vanillé
1 noisette de beurre pour le moule
sucre glace pour la déco

Astuce_ Pour ne pas faire de jaloux, préparez cette recette en version mini.

la botte secrète d'aude et leslie

Après avoir beurré le moule, saupoudrez-le de 2 cuil. à soupe de sucre en poudre. Un vrai truc de gourmand !

Soufflé à la noix de coco et aux dés d'ananas

PRÉPARATION 30 MIN | **CUISSON** 15 MIN | **COÛT** ★ | **DIFFICULTÉ** ★★ |

MATÉRIEL SPÉCIFIQUE 8 RAMEQUINS

1 Préchauffez le four à 200 °C (th. 6-7). Beurrez généreusement 8 ramequins. Cassez les œufs, séparez les blancs des jaunes et déposez les 4 jaunes dans un saladier et les 5 blancs dans un autre saladier avec la pincée de sel.

2 Dans une casserole, portez à ébullition le lait de coco. Pendant ce temps, dans un saladier, mélangez les jaunes d'œufs avec le sucre et battez à l'aide d'un fouet jusqu'à ce que le mélange blanchisse. Ajoutez la farine et mélangez bien. Versez-y ensuite le lait de coco bouillant. Mélangez à nouveau et reversez le tout dans la casserole.

3 Portez à ébullition sans cesser de remuer jusqu'à ce que la préparation épaississe. Retirez du feu, ajoutez la poudre d'amandes et laissez refroidir la préparation quelques instants.

4 Pendant ce temps, montez les blancs en neige bien ferme. Ajoutez-y ensuite le sucre vanillé et fouettez à nouveau. Ajoutez les blancs en neige en deux fois dans la casserole en mélangeant très délicatement sans les casser. Versez la préparation dans les ramequins. Faites cuire au four 15 min environ.

5 Pendant ce temps, préparez l'accompagnement. Faites tremper les raisins secs dans le rhum. Découpez l'ananas en petits dés. 5 min avant la fin de la cuisson du soufflé, déposez dans un petit saladier les dés d'ananas avec les raisins bien égouttés. Arrosez le tout de jus de citron, saupoudrez de sucre et de noix de coco râpée. Servez *illico presto* le soufflé avec son accompagnement.

Les ingrédients pour 8 personnes

5 œufs (4 entiers + 1 blanc)
1 pincée de sel
35 cl de lait de coco
60 g de sucre en poudre
40 g de farine
2 cuil. à soupe bombées de poudre d'amandes
1 sachet de sucre vanillé
1 noisette de beurre pour les ramequins

Pour l'accompagnement

1 belle poignée de raisins secs
2 cuil. à soupe de rhum
1 ananas
le jus de 1 citron
3 cuil. à soupe de sucre en poudre
2 cuil. à soupe de noix de coco râpé

Astuces_ • Après avoir beurré le moule, saupoudrez-le avec 1 cuil. à soupe de sucre en poudre et 1 cuil. à soupe de noix de coco râpée. • Si vous n'avez pas de ramequins, utilisez un moule à soufflé et rallongez le temps de cuisson à 30 min environ.

Soufflé au Grand Marnier

PRÉPARATION 20 MIN | **CUISSON** 30 MIN | **COÛT** ★★ | **DIFFICULTÉ** ★★

→ UN GRAND CLASSIQUE INCONTOURNABLE DONT ON NE SE LASSE JAMAIS…

1 Préchauffez le four à 200 °C (th. 6-7). Beurrez généreusement un moule à soufflé puis saupoudrez-le de 2 cuil. à soupe de sucre en poudre. Cassez les œufs, séparez les blancs des jaunes et déposez les 5 jaunes dans un saladier et les 6 blancs dans un autre saladier avec la pincée de sel.

2 Dans une casserole, portez à ébullition le lait avec la demi-gousse de vanille fendue en deux. Ajoutez le sucre dans les jaunes d'œufs et battez à l'aide d'un fouet jusqu'à ce que le mélange blanchisse. Ajoutez la farine et mélangez bien. Ôtez la gousse de vanille de la casserole et versez le lait bouillant sur la préparation. Mélangez à nouveau et reversez le tout dans la casserole.

3 Portez à ébullition sans cesser de remuer jusqu'à ce que la préparation épaississe. Retirez du feu, ajoutez le Grand Marnier et mélangez bien. Laissez refroidir la préparation quelques instants.

4 Pendant ce temps, montez les blancs en neige bien ferme. Ajoutez-y ensuite le sucre vanillé et fouettez à nouveau. Ajoutez les blancs en neige en deux fois dans la casserole en mélangeant très délicatement sans les casser. Versez la préparation dans le moule. Faites cuire au four 25 à 30 min environ. Servez *illico presto.*

Les ingrédients pour 4 personnes

6 œufs (5 entiers + 1 blanc)
1 pincée de sel
40 cl de lait
½ gousse de vanille
60 g de sucre en poudre
40 g de farine
10 cl de Grand Marnier
1 sachet de sucre vanillé
2 cuil. à soupe de sucre en poudre pour le moule
1 noisette de beurre pour le moule

la botte secrète d'aude et leslie

Pour atteindre le nirvana, creusez un puits dans le centre de votre soufflé à la sortie du four et versez-y un filet de Grand Marnier…

Soufflé aux oranges confites

PRÉPARATION 30 MIN | **CUISSON** 30 MIN | **COÛT** ★ | **DIFFICULTÉ** ★★★

Les ingrédients pour 4 personnes

6 œufs (5 entiers + 1 blanc)
1 pincée de sel
35 cl de lait
1 gousse de vanille
60 g de sucre en poudre
40 g de farine
2 cuil. à soupe de Cointreau (facultatif)
1 sachet de sucre vanillé
1 noisette de beurre pour le moule

Pour les oranges confites

3 oranges
1 cuil. à soupe de jus de citron
80 g de sucre en poudre

1 Préparez les oranges confites : rincez les oranges, prélevez les zestes et coupez-les en petits morceaux. Plongez-les 5 min environ dans un bol d'eau bouillante, puis égouttez-les bien. Pressez les oranges pour en récupérer le jus. Dans une casserole, faites chauffer le jus des oranges avec le jus de citron, les zestes et les 80 g de sucre. Laissez cuire 15 min environ en mélangeant régulièrement.

2 Pendant ce temps, préchauffez le four à 200 °C (th. 6-7). Beurrez le moule à soufflé. Cassez les œufs, séparez les blancs des jaunes et déposez les 5 jaunes dans un saladier et les 6 blancs dans un autre saladier avec la pincée de sel.

3 Dans une casserole, portez à ébullition le lait avec la gousse de vanille fendue en deux. Ajoutez le sucre dans les jaunes d'œufs et battez à l'aide d'un fouet jusqu'à ce que le mélange blanchisse. Ajoutez la farine et mélangez bien. Ôtez la gousse de vanille de la casserole et versez le lait bouillant sur la préparation. Mélangez à nouveau et reversez le tout dans la casserole.

4 Portez à ébullition sans cesser de remuer jusqu'à ce que la préparation épaississe. Retirez du feu, ajoutez les zestes d'orange, le Cointreau et mélangez bien. Laissez refroidir la préparation quelques instants.

5 Pendant ce temps, montez les blancs en neige bien ferme. Ajoutez-y ensuite le sucre vanillé et fouettez à nouveau. Ajoutez les blancs en neige en deux fois dans la casserole en mélangeant très délicatement sans les casser. Versez la préparation dans le moule. Faites cuire au four 25 à 30 min environ. Servez *illico presto*.

Astuces_ • Si vous n'avez pas de Cointreau, remplacez-le par du Grand Marnier.
• Si vous n'avez pas de zesteur, utilisez un petit couteau pointu pour récupérer délicatement les zestes.

le verre de vin qui va bien

Avec cette recette, découvrez ou redécouvrez un vin blanc moelleux possédant beaucoup de charme, le montravel. À ne pas servir trop frais.

Soufflé glacé aux fruits rouges

PRÉPARATION 15 MIN | **RÉFRIGÉRATION** 5 H | **COÛT** ★ | **DIFFICULTÉ** ★ |

MATÉRIEL SPÉCIFIQUE 4 RAMEQUINS + PAPIER SULFURISÉ

→ VOICI UNE RECETTE QUI SE PRÉPARE EN UN CLIN D'ŒIL. UN DÉLICE LES SOIRS D'ÉTÉ...

1 Surélevez les bords de 4 ramequins à l'aide de papier sulfurisé. Pour cela, coupez 4 bandes de papier sulfurisé puis garnissez le pourtour de chaque ramequin d'une bande que vous ferez adhérer avec un peu de beurre.

2 Lavez et équeutez les fraises, rincez les framboises et séchez le tout délicatement. Passez-les ensuite au mixeur avec le sucre vanillé et le sucre glace.

3 Dans un saladier, fouettez à l'aide d'un batteur électrique la crème fraîche très froide. Puis ajoutez délicatement la crème fouettée dans la purée de fruits de façon à ce que la préparation reste mousseuse.

4 Versez la préparation dans les ramequins en débordant de quelques centimètres. Placez les ramequins au congélateur 5 h minimum. Juste avant de servir, retirez les bandes de papier sulfurisé.

Les ingrédients pour 4 personnes

300 g de fraises
200 g de framboises
1 sachet de sucre vanillé
180 g de sucre glace
30 cl de crème fraîche
1 noisette de beurre

Astuces_ • Pour un petit plus déco, ajoutez des morceaux de fraises, de framboises ou une petite grappe de groseilles sur chaque soufflé glacé. • Si vos fruits ne sont pas suffisamment parfumés, rajoutez une petite goutte d'extrait de vanille liquide ou de jus de citron dans votre purée de fruits.

la botte secrète d'aude et leslie

Pour rendre cette recette encore plus gourmande, servez-la avec un coulis de mangue et dégustez-la avec des meringues. Un régal !

le truc de stéphan

Le problème des soufflés glacés est qu'ils congèlent parfois avec des cristaux de glace. Pour limiter ce défaut, ajoutez 2 cuil. à soupe bombées de mascarpone.

le tuyau de laurence

Il n'y a pas de cuisson alors c'est le moment d'être original : troquez vos ramequins classiques contre des petits verres, des tasses à café sympas...

Mon soufflé aux fruits confits

PRÉPARATION 20 MIN | **CUISSON** 30 MIN | **COÛT** ★★ | **DIFFICULTÉ** ★★

→ AH COMME ON AIME CE PETIT GOÛT INCOMPARABLE DES FRUITS CONFITS MARINÉS DANS LE KIRSCH. VOICI LA RECETTE FÉTICHE DE TOUTE LA FAMILLE DE LESLIE...

1 Préchauffez le four à 200 °C (th. 6-7). Coupez les fruits confits en tout petits morceaux. Dans un bol, faites-les tremper avec le kirsch. Beurrez généreusement un moule à soufflé puis saupoudrez-le de 2 cuil. à soupe de sucre en poudre. Cassez les œufs, séparez les blancs des jaunes et déposez les 5 jaunes dans un saladier et les 6 blancs dans un autre saladier avec la pincée de sel.

2 Dans une casserole, portez à ébullition le lait avec la demi-gousse de vanille fendue en deux. Ajoutez le sucre dans les jaunes d'œufs et battez à l'aide d'un fouet jusqu'à ce que le mélange blanchisse. Ajoutez la farine et mélangez bien. Ôtez la gousse de vanille de la casserole et versez le lait bouillant dans la préparation. Mélangez à nouveau et reversez le tout dans la casserole.

3 Portez à ébullition sans cesser de remuer jusqu'à ce que la préparation épaississe. Retirez du feu, ajoutez les fruits confits et le kirsch et mélangez bien. Laissez refroidir la préparation quelques instants.

4 Pendant ce temps, montez les blancs en neige bien ferme. Ajoutez-y ensuite le sucre vanillé et fouettez à nouveau. Ajoutez les blancs en neige en deux fois dans la casserole en mélangeant très délicatement sans les casser. Versez la préparation dans le moule. Faites cuire au four 25 à 30 min environ. Servez *illico presto*.

Les ingrédients pour 6 personnes

100 g de fruits confits mélangés
3 cuil. à soupe de kirsch
6 œufs (5 entiers + 1 blanc)
1 pincée de sel
40 cl de lait
½ gousse de vanille
60 g de sucre en poudre
40 g de farine
1 sachet de sucre vanillé
2 cuil. à soupe de sucre en poudre pour le moule
1 noisette de beurre pour le moule

le truc de stéphan

Essayez aussi cette recette en remplaçant les fruits confits par un mélange de dattes, de figues et d'abricots secs finement hachés...

je veux en savoir plus !

Pour que votre soufflé monte bien / DANS CE CAS-LÀ, RÉDUISEZ LE TEMPS DE CUISSON / le fond, les parois et les bords d'un moule à soufflé à l'aide d'un pinceau alimentaire / Les petits plus de la crème pâtissière / parsemez-les de sucre glace ou de cacao en poudre / FARINEZ ENSUITE LE MOULE / Crème liquide / sans cesser de remuer jusqu'à ce que la préparation épaississe / Avoir toujours les basiques / 1 NOISETTE DE BEURRE = 5 G / 1 noix de beurre = 15 à 20 g / Il faut pouvoir retourner le saladier sans qu'ils ne tombent / Pour éviter que les éléments de la garniture ne tombent dans le fond du moule pendant la cuisson / Séparez les blancs des jaunes / Pensez à faire cuire vos cakes dans des mini-moules / Réussir la crème pâtissière / Gruyère râpé / LA SAUCE BÉCHAMEL EST INCONTOURNABLE / La clé de la réussite ? / et écrasez-les à l'aide d'un rouleau à pâtisserie / Rattrapages express / Mélangez à nouveau et reversez le tout dans la casserole / QUAND LA PÂTE À SOUFFLÉ EST TRÈS ÉPAISSE / Versez 40 cl de lait petit à petit / Sucre en poudre / on utilise souvent des fruits secs concassés / Raisins secs / SI ELLE A DES GRUMEAUX / à feu doux dans une casserole à fond épais

Je veux la technique !

Les étapes clés pour réussir un soufflé à tous les coups

Beurrer et fariner un moule à soufflé

1 Beurrez généreusement le fond, les parois et les bords d'un moule à soufflé à l'aide d'un pinceau alimentaire. Mieux vaut utiliser un pinceau car une seule empreinte de doigt à l'intérieur des parois suffirait à couper le soufflé dans son élan. Notre conseil : utilisez du beurre bien ramolli.

2 Farinez ensuite le moule. Pour cela, il suffit de le saupoudrer d'un peu de farine. Répartissez bien la farine en secouant le moule puis ôtez l'excédent en le retournant. Mettez le moule au réfrigérateur pendant la préparation du soufflé.

Monter les blancs en neige

1 Séparez les blancs des jaunes en prenant garde de ne pas mettre la moindre goutte de jaune dans les blancs. Déposez les jaunes dans un bol et les blancs dans un saladier bien propre avec une pincée de sel. Puis montez lentement les blancs en neige à l'aide d'un batteur électrique.

2 Les blancs en neige sont prêts quand ils sont bien fermes. Il faut pouvoir retourner le saladier sans qu'ils ne tombent.

3 Pour incorporer les blancs dans la pâte à soufflé, faites-le en deux fois et sans les casser. Pour cela, il faut délicatement soulever la pâte avec la spatule de bas en haut.

Bon à savoir

→ Quand la pâte à soufflé est très épaisse, ajoutez d'abord 2 cuil. à soupe de blancs d'œufs montés en neige pour la détendre avant d'ajouter délicatement le reste des blancs d'œufs.

Préparer la béchamel

La sauce béchamel est incontournable pour la préparation des soufflés salés. Elle se compose de trois ingrédients : beurre, farine et lait. Elle nécessite quelques tours de main de base pour la réussir à tous les coups.

1 Préparez un roux blanc : faites fondre 40 g de beurre à feu doux dans une casserole à fond épais et ajoutez 40 g de farine. Faites cuire 2 à 3 min environ jusqu'à l'obtention d'une boule de pâte homogène blonde. Mélangez sans cesse à l'aide d'un fouet ou d'une cuillère en bois sans laisser roussir la farine.

2 Versez 40 cl de lait petit à petit en mélangeant sans cesse à l'aide d'un fouet pour éviter la formation de grumeaux. Continuez à mélanger jusqu'à ce que la préparation soit lisse et homogène.

3 Portez à ébullition en remuant constamment. Quand le mélange bout, laissez cuire la béchamel 3 min environ jusqu'à ce qu'elle épaississe. Elle est prête quand elle nappe le dos d'une cuillère. Salez et poivrez et ajoutez une belle pincée de noix de muscade râpée.

→ Ces proportions permettent de préparer un soufflé classique comme le soufflé jambon-fromage (p. 73). Cela dit, référez-vous aux proportions données dans le cadre de chaque recette.

Bon à savoir

→ La béchamel se conserve au réfrigérateur 3 à 4 jours maximum. La clé de la réussite ? N'arrêtez pas de mélanger tout au long de la recette pour éviter la formation de grumeaux.

Rattrapages express pour vos béchamels

- → **Si elle accroche dans le fond de la casserole**, commencez par baisser légèrement le feu et inclinez la casserole de façon à ce que l'air circule mieux là où se forme le bouillonnement. Fouettez vigoureusement.
- → **Si elle est trop épaisse**, rajoutez du lait froid en fouettant énergiquement jusqu'à ce qu'elle obtienne la consistance voulue.
- → **Si elle a des grumeaux**, passez-la au chinois (c'est-à-dire à travers une passoire fine) et faites-la bouillir à nouveau en mélangeant sans cesse.
- → **Si elle est trop salée**, vous pouvez ajouter 1 à 2 cuil. à soupe de crème fraîche ou quelques rondelles de pommes de terre crue qui absorberont l'excédent de sel. N'oubliez pas de retirer ces rondelles avant de continuer la préparation du soufflé.

La crème pâtissière, l'alliée des soufflés sucrés

Réussir la crème pâtissière

1 Dans une casserole, portez à ébullition 40 cl de lait avec une demi-gousse de vanille fendue en deux.

2 Dans un saladier, mélangez 60 g de sucre en poudre avec 5 jaunes d'œufs.

3 Battez à l'aide d'un fouet jusqu'à ce que le mélange blanchisse.

4 Ajoutez 40 g de farine et mélangez bien.

5 Ôtez la gousse de vanille de la casserole et versez le lait bouillant sur la préparation. Mélangez à nouveau et reversez le tout dans la casserole.

6 Portez à ébullition sans cesser de remuer jusqu'à ce que la préparation épaississe. Retirez du feu, puis parfumez la crème pâtissière comme c'est indiqué dans la recette. Laissez refroidir la préparation quelques instants.

→ Ces proportions permettent de préparer un soufflé sucré classique comme le soufflé au Grand Marnier (p. 102). Cela dit, référez-vous aux proportions données dans le cadre de chaque recette.

Les petits plus de la crème pâtissière

Sachez que vous pouvez parfumer la crème pâtissière :

→ soit en ajoutant dans le lait qu'on porte à ébullition un bâton de cannelle, une gousse de vanille fendue en deux, quelques anis étoilés ;

→ soit en ajoutant à la fin de la préparation 2 cuil. à soupe de Cointreau, de Grand Marnier, d'amaretto, de liqueur de poire ou de kirsch ; pour une version non alcoolisée, ajoutez un peu d'eau de fleur d'oranger.

Ce qui fait la différence du côté des soufflés

Les clés de la réussite

→ Pour que votre soufflé monte bien, n'ouvrez pas le four en cours de cuisson. En effet, quand on ouvre la porte, la température baisse brusquement. L'air contenu dans les bulles du soufflé se contracte alors et le soufflé retombe immédiatement.

→ Les soufflés sont prêts quand ils sont bien dorés. N'attendez pas avant de les servir, ils risqueraient de retomber.

→ Toutes les recettes peuvent être préparées dans un moule à soufflé ou dans des ramequins individuels. Dans ce cas-là, réduisez le temps de cuisson de 10 à 20 min pour des mini-soufflés selon les recettes. Sachez que dans les ramequins, vos soufflés auront tendance à mieux gonfler.

→ Remplissez vos moules aux 3/4 pour éviter qu'ils ne débordent lors de la cuisson.

Pour accompagner les soufflés

- Avec les soufflés salés, une belle salade verte apportera une touche de fraîcheur ; pensez aussi aux coulis : pourquoi pas un coulis de tomate ou de poivrons ?
- Avec les soufflés sucrés, une salade de fruits apportera une petite note légère ; pour jouer sur le contraste chaud-froid, pensez à proposer une boule de glace. Vous pouvez aussi opter pour un coulis sucré ou une sauce au chocolat pour les plus gourmands.

La touche déco

- Pour les soufflés salés : parsemez-les juste à la sortie du four de quelques pignons de pin, d'amandes effilées ou de fines herbes finement coupées.
- Pour les soufflés sucrés : parsemez-les de sucre glace ou de cacao en poudre, en filtrant à travers une passoire fine pour éviter les amas.

Ce qui fait la différence du côté des cakes

Les clés de la réussite pour les cakes

- Pour éviter que les éléments de la garniture (comme par exemple les raisins secs) ne tombent dans le fond du moule pendant la cuisson, farinez-les avant de les ajouter dans la pâte. Vous pouvez aussi les couper en petits morceaux, ils seront ainsi plus légers et tiendront mieux.
- Votre cake est prêt quand la pointe d'un couteau enfoncée dans le centre ressort sèche. Si votre cake a tendance à trop dorer au cours de la cuisson, baissez la température du four et couvrez-le d'une feuille de papier d'aluminium.
- Si vos fruits ne sont pas suffisamment mûrs, n'hésitez pas à les faire caraméliser dans une poêle quelques minutes avec du sucre ou du miel liquide.
- Sachez que vous pouvez conserver vos cakes une semaine dans une boîte hermétique en fer.

Pour parfumer vos cakes

→ Vous pouvez utiliser au choix : des fines herbes finement coupées (fraîches ou surgelées) ou des épices (quelques pincées de gingembre frais râpé, de piment, de curry ou encore de cannelle).
→ Pensez à varier les farines ; testez notamment la farine complète.
→ Vous pouvez aussi ajouter dans la pâte 1 cuil. à soupe de tapenade d'olives noires, de moutarde ou encore d'anchoïade.
→ Et pour surprendre vos potes, ajoutez au choix : une poignée de petits pois frais écossés ou surgelés, d'olives vertes dénoyautées et coupées, des tomates séchées en petits morceaux, des lamelles de jambon blanc ou des petits lardons poêlés.

La touche déco

→ Pensez à faire cuire vos cakes dans des mini-moules. De quoi proposer des petites bouchées originales à dévorer entre copains à l'heure de l'apéro. Vous pouvez aussi couper votre cake en cubes puis les piquer d'un cure-dent... Choisissez de préférence des moules en silicone pour un démoulage facile et réussi.
→ Après avoir beurré votre moule, saupoudrez le fond et les parois de 2 à 3 cuil. à café de graines de carvi, de pavot ou de sésame. Une petite touche visuelle et gustative garantie !
→ Avant de mettre au four, parsemez votre cake d'une poignée d'amandes effilées.

Bon à savoir

Dans ces cakes, on utilise souvent des fruits secs concassés (noix, noisettes ou amandes). Le mieux pour les concasser est d'utiliser un mortier.

Si vous n'en avez pas, écrasez les fruits secs à l'aide d'un rouleau à pâtisserie ou d'un petit marteau, soit directement, soit en les enveloppant au préalable dans un torchon.

À garder sous le coude

s'en sortir sans balance

→ Ce tableau vous donne les principales équivalences poids et volumes pour les ingrédients les plus courants.

Ingrédients	1 cuil. à café	1 cuil. à soupe	1 verre à moutarde
Beurre	7 g	20 g	–
Cacao en poudre	5 g	10 g	90 g
Crème épaisse	1,5 cl	4 cl	20 cl
Crème liquide	0,7 cl	2 cl	20 cl
Farine	3 g	10 g	100 g
Gruyère râpé	4 g	12 g	65 g
Liquides divers (eau, huile, vinaigre, alcools)	0,7 cl	2 cl	20 cl
Maïzena	3 g	10 g	100 g
Poudre d'amandes	6 g	15 g	75 g
Raisins secs	8 g	30 g	110 g
Riz	7 g	20 g	150 g
Sel	5 g	15 g	–
Semoule, couscous	5 g	15 g	150 g
Sucre en poudre	5 g	15 g	150 g
Sucre glace	3 g	10 g	110 g

Mesurer vos liquides

1 verre à liqueur = 3 cl
1 tasse à café = 8 à 10 cl
1 verre à moutarde = 20 cl
1 bol = 35 cl

Pour info

1 œuf = 50 g
1 noisette de beurre = 5 g
1 noix de beurre = 15 à 20 g

bien régler son four

→ Pas facile de connaître la température dans un four ! Voici une table très simple à utiliser et valable pour la plupart des appareils vendus dans le commerce.

Température (°C)	30	60	90	120	150	180	210	240	270
Thermostat	1	2	3	4	5	6	7	8	9

→ Les temps de cuisson donnés dans les recettes peuvent varier légèrement selon les types d'appareils. En effet, dans un four à chaleur tournante, les plats cuisent de manière plus homogène et plus vite que dans les fours qui chauffent à partir d'une source (four à gaz, four électrique).

Rappelez-vous aussi que pour réaliser une bonne cuisson, un préchauffage est toujours nécessaire.

les indispensables en cuisine

→ Pour cuisiner entre potes ou pour des potes sans souci, il faut avoir sous la main quelques produits tout simples, faciles à trouver.
Voici une petite liste de « basiques », grâce auxquels vous pourrez faire la grande majorité des recettes de cette collection.

Dans le placard

Épices

- Cannelle
- Coriandre
- Cumin
- Curry
- Gingembre
- Herbes de Provence
- Mélange aux 4 épices
- Noix de muscade
- Paprika
- Poivre du moulin et concassé
- Thym
- Vanille en gousse

Liquides

- Huiles de tournesol, d'olive, de sésame et de noix
- Rhum (pour la pâtisserie)
- Vinaigres de vin, blanc, balsamique et de Xérès
- Vin rouge et blanc sec

Condiments
- Moutarde forte et à l'ancienne
- Moutardes parfumées (à l'estragon, au poivre vert)
- Sauce pesto
- Sauce soja
- Sel fin et gros sel
- Tabasco
- Tapenade d'olives noires

Et aussi
- Amandes effilées
- Anchois, thon et sardines à l'huile d'olive
- Bouillon cube
- Câpres
- Chocolat à cuire et chocolat en poudre
- Cornichons
- Farine
- Fruits secs (amandes, raisins, pignons, noisettes, abricots, figues)
- Lait de coco
- Levure chimique
- Maïzena
- Miel
- Olives en boîte
- Pâtes de toutes formes
- Poudre de noisettes et poudre d'amandes
- Riz rond et riz parfumé
- Semoule
- Sucre en poudre, sucre glace et sucre vanillé
- Tomates en boîte, concentrées et séchées en bocal

Dans le réfrigérateur

Légumes
- Ail
- Carottes
- Citrons
- Échalotes
- Oignons
- Pommes de terre
- Tomates

Laitages et œufs
- Beurre
- Crème liquide
- Fromage frais
- Lait
- Œufs
- Parmesan

Et aussi
- Feuilles de brick
- Pâtes à tarte (brisée, sablée, feuilletée)

Dans le congélateur

Herbes et épices hachées
- Aneth
- Basilic
- Ciboulette
- Coriandre
- Gingembre haché
- Persil

Légumes
- Champignons de Paris
- Épinards
  Petits pois
- Tiges de citronnelles

Et aussi
- Pâtes à tarte (brisée, sablée, feuilletée)

avoir le bon matériel

→ Pas besoin de grand-chose pour faire de grandes recettes !
Voici une petite liste d'ustensiles à avoir dans la cuisine.

Cuire

- Casseroles (une grande et une petite)
- Moules à tartes et à pâtisserie
- Marmite en fonte
- Plaque à rôtir
- Poêles à fond antiadhésif (une grande et une petite)
- Wok (éventuellement)

Couper

- Aiguiseur à couteaux
- Couteau économe
- Gros couteau dit « éminceur »
- Petit couteau
- Petite planche à découper en plastique

Mélanger

- Saladiers
- Cuillères en bois
- Fouet
- Spatules

Divers

- Batteur électrique
- Essoreuse à salade
- Ficelle de cuisine
- Mixeur
- Passoires, ou chinois (une fine, une plus grosse)
- Rouleau à pâtisserie
- Verre mesureur

Table des recettes

Retrouvez en couleur les « recettes pour épater ».

Table des matières

CAKES SALÉS

CAKES SUCRÉS

SOUFFLÉS SALÉS

Ma recette qui dépote...

Remerciements

Mille mercis à Laurence et Stéphan, nos deux complices de La Popote, Brigitte une éditrice carrément géniale, Raphaële, Mélanie, Johanna et Camille, la fine équipe d'Hachette.

Mais aussi nos amoureux, Malo, Laetie et Sophie, Elisa pour tout ce qu'elle nous a apporté, tous nos copains pour avoir joué les cobayes, nos sœurettes, Foufou, Laura et Matias ; et évidemment nos parents qui ont su faire de nous de bonnes vivantes.

Sans oublier Flocon et Routoutou, toujours partants pour finir les restes !

Aude et Leslie

Lissa Streeter remercie les boutiques suivantes pour leur collaboration :
BHV : pp. 24, 47, 89 et 95 ; Bodum : pp. 100 et 103 (moule à soufflé) ; Coming B : pp. 11, 19, 37, 39 et 42 ; Habitat : p. 81 ; Jardin d'Ulysse : pp. 53 et 61 (assiette) ; KAWA : p. 41 ; Le Bon Marché : pp. 12 (planche à découper) et 30 ; Monoprix : pp. 82, 84 et 108 ; Potiron : pp. 42 et 107 (verres) ; Rice : pp. 39 (serviette), 42 (serviette) et 89 (serviette) ; Sabre : pp. 33 (couteau), 41 (fourchette), 47 (fourchette) ; Staub céramique : p. 77 ; The Jacaranda Tree : pp. 72 (assiette en bois) ; Tupperware : pp. 26 (moule en silicone) et 51 (moule en silicone), ainsi que les ustensiles bleus de la rubrique « Je veux la technique ! ».

Toutes les photos de reportage ont été réalisées par Philippe Vaurès-Santamaria.

Direction, Stephen Bateman et Pierre-Jean Furet
Responsable éditoriale, Brigitte Éveno
Conception graphique, Dune Lunel
Réalisation, Les PAOistes
Coordination et suivi éditorial, Raphaële Huard
Fabrication, Lysiane Bouchet
Partenariats, Sophie Augereau (01 43 92 36 82)

L'éditeur remercie Mélanie Le Neillon pour son aide précieuse et ses relectures attentives.

Imprimé en Espagne par Graficas Estella - dépôt légal : septembre 2005
23.01.5825.01.7 • 201235825X